JOHN FITZGERALD KENNEDY

JOHN FITZGERALD KENNEDY

Juan Renato Blumenberg

Grupo Editorial Tomo, S.A. de C.V.
Nicolás San Juan 1043
03100 México, D.F.

1a. edición, abril 2004.

Nicolás San Juan 1043, Col. Del Valle
03100 México, D.F.
Tels. 5575-6615, 5575-8701 y 5575-0186
Fax. 5575-6695
http://www.grupotomo.com.mx
ISBN: 970-666-922-1
Miembro de la Cámara Nacional
de la Industria Editorial No 2961

Proyecto: Juan Renato Blumenberg
Diseño de Portada: Trilce Romero
Formación Tipográfica: Servicios Editoriales Aguirre, S.C.
Supervisor de producción: Leonardo Figueroa

Impreso en México - *Printed in Mexico*

Contenido

Prólogo

John Fitzgerald Kennedy es uno de los personajes más interesantes del ya rebasado siglo XX, a pesar de que su presencia en la historia fue muy efímera, aunque tan intensa que se le recuerda con una óptica distorsionada: como si hubiera permanecido en el poder por largo tiempo y hubiera realizado muchas cosas, pero ése no es más que un espejismo producido por el vértigo del tiempo y la distancia. La realidad es que, como gobernante, John F. Kennedy pasó como un torbellino por el terreno histórico de su país y del mundo, rápidamente, pero con un ímpetu devastador.

Sus actitudes al frente del país más poderoso del mundo fueron respuestas claras y objetivas ante situaciones que nadie hubiera podido olvidar, y mucho menos un personaje como él, educado en el espíritu de la competencia y el triunfo. En su breve estancia en el poder, John F. Kennedy movió todo lo que había que mover para que su país y el mundo entraran en un nuevo ciclo, tal vez por ello su actuación política adquiere en la memoria histórica una especial magnificencia.

Lo que leeremos en este libro parece la historia de dos personas distintas; ambas extraordinariamente interesantes, como dijimos al principio; la una es el ser humano, pero de ninguna manera común y corriente, sino complejo y retorcido, como un príncipe renacentista. Y por otro lado el ser público, el estadista que se observa también más allá de los patrones de la normalidad política.

John F. Kennedy fue una persona dual, tal vez por eso fue el hombre que se necesitaba para canalizar los impulsos de cambio que fueron parte del torbellino de los años sesenta; su personalidad en el símbolo de la controversia, de la incongruencia y la búsqueda de un modelo de convivencia distinto, más adecuado para la expresión de lo humano.

Roberto Mares

PRIMERA PARTE

Kennedy, el hombre

El nacimiento de un clan

Si queremos comprender la personalidad de John F. Kennedy, debemos enfocar primero las características de la "especial" familia que le dio origen, y principalmente la personalidad de su padre, Joseph P. Kennedy, porque, efectivamente fue este hombre el que sentó las bases para la generación de una fuerza política que había de conocerse como el "clan Kennedy", y que marcó un hito de transición muy importante en la historia de los Estados Unidos de América y del mundo entero.

La vida de los inmigrantes en los Estados Unidos siempre ha sido difícil, a pesar de que la promesa americana fue, en el siglo XIX y principios del XX una realidad para muchos en todo el mundo. La gran cantidad de irlandeses que emigraron a esa tierra de promisión pudieron integrarse con más facilidad a un estilo de vida que no les era del todo ajeno; sin embargo, también sufrieron un cierto grado de marginación social, que no era tan drástico como para inmovilizarlos y someterlos a la pobreza, como en el caso de los inmigrantes latinoame-

John Fitzgerald Kennedy

ricanos u orientales. Para los irlandeses, la marginalidad fue más bien una ventaja, pues les daba una gran movilidad para los negocios, dado que podían ser aceptados limitadamente en la sociedad anglosajona, sin necesidad de mantener una posición ética en esa misma sociedad. Especialmente en la época de la "prohibición", cuando los grupos marginales, especialmente italianos e irlandeses, tuvieron un gran auge económico, con base en negocios que en esos momentos se consideraban turbios. Muchas familias italianas e irlandesas lograron amasar grandes fortunas, como fue el caso de los Kennedy.

Patrick J. Kennedy, abuelo del que fuera presidente de los Estados Unidos, llegó a ser uno de los hombres más poderosos de Boston, primeramente en un sentido económico y más tarde también en la sociedad anglosajona, particularmente cerrada en el área de Nueva Inglaterra; pero ello se realizó a través de su hijo Joseph, el padre de John Kennedy, quien fue el verdadero creador de una poderosa dinastía.

El Clan Kennedy, con Joseph P. Kennedy a la cabeza.

Joseph Kennedy fue la punta de lanza de la familia para penetrar en la cerrada y conservadora sociedad de Boston; sus primeros éxitos sociales pudieran ser considerados como la base de todos los que vinieron después, y ello resultó de la confluencia de dos elementos: la fortuna del padre y el "especial" carácter del hijo. Ya desde sus años de estudiante, y sin ser precisamente brillante, era dueño de una gran astucia y un encanto sin límites; era como un actor que ejecuta su papel a la perfección, lo mismo en Griego que en Álgebra, Inglés, Latín, Historia o Geometría; aunque fallaba un poco en Física y Francés. De cualquier manera, si por algo era reconocido era por su "carisma" como ejecutante de sus conocimientos en el salón de clases, por lo que fue elegido presidente de la Sociedad de Alumnos. A pesar de que el desarrollo académico de Joe en realidad no lo justificaba, su padre "arregló" su admisión en Harvard, lo que el propio Joe repetiría en el futuro con sus hijos.

En 1907 Joe realizó algunas hazañas deportivas en la liga escolar y por ello ganó el trofeo que ofrecía el alcalde Fitzgerald, a quien llamaban *Honey Fitz*, o sea "el dulce Fitz", pero Joe no se conformó con el trofeo, y obtuvo algo mucho más importante de parte de Fitz: su hija Rose. Joe era un muchacho encantador, siempre sonriente, de ánimo ligero y despreocupado, con tan escasos prejuicios que amasó gran parte de su fortuna vendiendo licor durante la prohibición y manipulando a las personas.

Fue típico de su estilo manipulatorio la relación que Joe estableció con James, el hijo de Franklin Delano Roosvelt. Él de inmediato comprendió que la pasión del joven Roosvelt por las mujeres y el alcohol le traerían grandes beneficios, y fue por eso que, entendiendo que la prohibición terminaría pronto, en el otoño de 1933 viajó a Londres junto con el joven Roosvelt para aprovechar su influencia y conseguir la distribución exclusiva de dos marcas de whisky y de la ginebra *Gordon's*, todo lo cual se consiguió, por lo que Joe se convirtió en un símbolo del arribismo normal en esos momentos y el nombre de Kennedy se agregó al de los mafiosos de la época.

Joe se graduó de Harvard, aunque no era buen estudiante.

Al igual que su padre, Joe era prácticamente abstemio, pero desde muy temprana edad comprendió que el licor podría ser una enorme fuente de riqueza y poder; era tan puritano en ese sentido que más tarde ofreció 2,000 dólares a sus hijos con tal de que se abstuvieran de beber o fumar hasta los veintiún años de edad. Esto nos da una idea del concepto que él tenía del alcohol como algo muy destructivo para la salud; aunque muy saludable para amasar una fortuna.

Finalmente, Joe se graduó en Harvard, aunque no se le consideraba un buen estudiante, lo que no se sabe es si le sirvió más su desempeño académico o la práctica de proveer de licores a los profesores; de cualquier manera, es de suponerse que un profesor se vuelve más blando y permisivo cuando se toma algunas copas de un buen whisky, sobre todo si en el mercado clandestino de aquella época una caja alcanzaba el valor de 300 dólares.

Esa costumbre de regalar cajas de buenos licores se convirtió en una estupenda estrategia, pues de esa manera se obtenían algunos favores, no solamente de parte de los profesores de Harvard, sino de los allegados al presidente Roosvelt, o al encargado de la sección política del *New York Times*.

Una personalidad devastadora

Dado el gran acervo de información que se tiene acerca de Joe Kennedy, y la difusión que se le ha dado, sería prolijo abundar en detalles de su vida; el análisis de su personalidad se podría presentar como el de un arribista en todo sentido, y no solamente en el campo económico, donde por supuesto, obtuvo siempre sus mayores logros.

Desde el punto de vista psicológico, Joe Kennedy tenía una personalidad "psicopática" o "sociopática"; pero habría que explicar ese término, porque para mucha gente evoca imágenes de asesinos que descuartizan a sus víctimas con un hacha, o "asesinos en serie"; pero un psicópata puede ser una persona relativamente normal, incluso con un gran aplomo en situaciones difíciles, una gran desenvoltura y encanto en las relaciones sociales. Lo que hace que una personalidad psicopática resulte destructiva es que su conducta, en un plazo largo, se reconoce como poco digna de crédito, desprovista de valores morales y sobre todo incapaz de sentir remordimientos. En el corto plazo se percibe como el tipo de persona que quisiéramos tener como amigo.

Un psicópata observa con mucha agudeza cualquier situación y la valora en un sentido perfectamente definido: "¿qué puedo yo sacar de esto?..." Joseph Kennedy era el caso típico, él era carismático, encantador, magnético, muy sociable, tenía una gran astucia política y financiera, profundamente religioso y de ánimo alegre... un verdadero depredador.

Para entender la personalidad psicopática podemos tomar como ejemplo las actitudes de los gatos, pues en ellos se puede observar claramente un carácter dual, que se manifiesta en momentos de disposición a la lucha, seguidos por otros de gran placidez e inmovilidad, un gato enojado maúlla de manera estridente, se tensa y eriza cuando defiende su territorio o busca el sexo; salta con gran agilidad, corre, se escabulle y sigue maullando hasta que encuentra la posición más ventajosa para lanzarse sobre su presa; su cuerpo está saturado de adrenalina y está dispuesto a matar si es necesario para lograr su objetivo.

La otra manifestación del carácter felino es su capacidad de asechanza y seguridad de movimientos frente a su presa: el gato aguza la mirada, baja su cola y alarga su cuerpo sobre el terreno para no ser percibido; después se acerca con un minucioso sigilo, avanza con un método preconcebido, fija su mirada en el pájaro y cada músculo de su cuer-

Al igual que Joseph Kennedy, John era carismático, encantador y muy sociable.

po se tensa; aparentemente sin apoyo, el gato salta con increíble agilidad… el pájaro muere.

Joe Kennedy no era un simple gato callejero tratando de alejar a los intrusos de su territorio, él era un verdadero depredador: frío, sereno, calculador. Su jerarquía de valores es equiparable a la de un "capo" de la mafia: poder, dinero, familia, iglesia, patria… Incluso uno de sus más fieles colaboradores, Arthur Schlesinger Jr., lo retrata de la siguiente manera:

Joseph Kennedy andaba por los treinta y ocho cuando se fue de Boston; él era un hombre delgado, de cabello rojizo y unas gafas de grueso armazón sobre unos ojos azules y penetrantes; tenía una personalidad tan fuerte que impresionaba a la gente. Él podía ser encantador cuando quería; pero con frecuencia se comportaba con cruel frialdad y hasta con rudeza; de hecho a él no le importaba la mayoría de la gente. Otros hombres de negocios lo consideraban áspero e incapaz de sentir remordimiento.

La educación de los príncipes

Los grandes amores de Joe eran el poder y el dinero; pero lo que pudiera desconcertarnos es su aparente amor por su familia, y digo "aparente" porque este apego hacia los suyos era en realidad otra versión de su estrategia psicopática de usar a otros para sus fines. El reconocido "impulso" que daba a sus hijos para que siempre fueran los primeros en todo no era la conducta lógica de un padre que ama a sus hijos y quiere lo mejor para ellos, sino una forma de satisfacer el propio narcisismo proyectado sobre los hijos.

El favorito de sus hijos era sin duda el mayor, a quien él mismo llamaba "Joe Junior"; él tenía mucho de su padre: bien parecido, atlético, agresivo y temperamental; también adoptaba una cálida sonrisa o una mirada fría como el acero, según fuera conveniente para sus propósitos. Joe Junior era el más dominante de los niños Kennedy y aparentemente el heredero; él estaba apenas por debajo de su padre en autoridad y era un fuerte elemento de cohesión del clan, pues era capaz de mantener unida a la familia en las ausencias del padre, que eran muy frecuentes; entonces el chico se sentaba en la cabecera de la mesa y disponía el orden de la comida. A su vez, el favorito de *Junior* era Teddy, aunque era muy apegado a Kathleen; pero era especialmente duro con John, dos años menor que él, a quien siempre, en familia, se llamó *Jack*. Él siempre fue comparado con su hermano mayor y considerado inferior. Una muchacha que salía con Jack recuerda que él decía:

– Joe juega futbol mejor que yo, baila mejor; Joe siempre saca mejores calificaciones en la escuela.

Inga Aruad, quien fue amante de Jack, describe el autoritarismo del padre de la siguiente manera: *El viejo empujaba a Joe, Joe empujaba a Jack, Jack a Bobby, Bobby a Teddy, y era Teddy el que caía. Jack sufría mucho por eso.*

Joe Kennedy concebía su casa como un campo de entrenamiento, donde todos sus hijos aprendían a ganar por encima de cualquier cosa. En el verano, los niños se reportaban con su instructor de educación física a las siete de la mañana, para el calentamiento inicial; después del desayuno tomaban clases de veleo, natación y tenis. Durante los concursos de veleo, el viejo Joe seguía de cerca la carrera de sus hijos en un bote de motor, para observar su desempeño.

Si acaso Teddy entraba en segundo lugar —escribió un conocido de la familia—, *el señor Kennedy reclamaba: "¡Por qué llegaste en segundo!; si la vela estaba muy floja, debiste haberla estirado; si el aparejo no es bueno, cámbialo, pero la próxima vez tienes que llegar en primer lugar".*

Pero no sólo los varones estaban sometidos a este presionante entrenamiento, también a las niñas se les exigía el ser competitivas; aunque tuvieran solamente seis o siete años. Eunice recuerda cómo era presionada por su padre:

Mi papá siempre nos inscribía en competencias de natación, aunque en diferentes categorías, por lo que no teníamos que competir con alguno de nosotros. Cuando ganábamos, él se ponía muy contento. Papá siempre fue muy competitivo, y nos decía que llegar en segundo lugar era humillante; lo importante era ganar.

Algo fundamental en la filosofía de Joe Kennedy, y que inculcó a sus hijos, era que había que ganar siempre, no importando cómo se lograra el triunfo. Una vez que Joe junior perdió una carrera de veleros, su padre estaba tan enojado que promovió de inmediato otra competencia; esta vez sí ganó junior, pero se descubrió que se habían usado mástiles un poco más largos, lo que había dado una ventaja ilegal al joven Kennedy, pero aquello no generó un regaño hacia el joven, pues de cualquier manera el objetivo se había logrado.

Una red de codependencia

Joe Kennedy cultivó activamente un tipo de relación familiar que ahora llaman "interdependiente" o "codependiente", porque la conducta de los miembros de la familia es causa-efecto de unos a otros y se forma una red de organización familiar muy cerrada, en especial hacia el mundo exterior. En este tipo de familias no se propicia la individuación de los miembros, sino al contrario, la estrecha vinculación entre ellos como una entidad solidaria. El patriarca Kennedy fue desarrollando en su familia una mentalidad "tribal" con la finalidad de crear una formidable extensión de su propia personalidad profundamente egocéntrica; para él la unidad social básica no era el individuo, sino la familia, su familia.

Desde luego, la unidad familiar y la solidaridad entre sus miembros es algo admirable; pero la interdependencia comúnmente es enfermiza. Los Kennedy nacían como miembros de una tribu; cada uno de los niños era un "engrane" dentro de la maquinaria familiar, un "elemento" del clan; el desarrollo autónomo era inconcebible.

Incluso la casa de Abbostford Road, donde Joe Jr., Jack y los demás niños pasaron varios años estaba diseñada para facilitar su desarrollo corporativo; ahí existían áreas especiales para cada cosa, definiéndose perfectamente los espacios de juegos, estudio o convivencia; algunas áreas estaban delimitadas por medio de cercas, a modo de corrales de ovejas, donde los cinco niños Kennedy eran sometidos a una estrecha interacción y al mismo tiempo alejados del entorno social. Fue en la casa de Abbotsford donde Rose y

Joe establecieron dormitorios separados, pues su matrimonio se había convertido también en un elemento de solidez tribal, pero sin lazos emocionales. Con este sistema de "compartimentos" cerrados Joe administraba la empresa familiar como un todo formado por un conjunto de partes, lo que permitía una organización racional, la tribalización de la familia y el aislamiento respecto del exterior.

Todo funcionaba muy bien, pero había un elemento discordante: Rosemary, quien era la única incapaz de reforzar el narcisismo de Joe y mantener el mito de la perfección familiar; ella era como una mancha. Una vez que se determinó que Rosemary realmente era una niña de lento aprendizaje, la conmoción de Joe fue mayúscula, pues la niña era la muestra viviente de que los genes Kennedy no tenían la característica de superioridad que era parte de la ideología familiar, y además le recordaba a Joe su propia "lentitud" como estudiante. En el caso de Rosemary, era imposible que pudiera llegar a Radford, Wellesley o a cualquier otra universidad, aunque Joe regalara todo el licor que importaba.

Así que fue necesario tomar una decisión drástica, pero lógica para la familia: había que remover aquella pieza defectuosa. De esta familia tenía que salir el primer presidente católico en la historia de los Estados Unidos y Rosemary era un estorbo, pues en este clan sólo eran aceptados los ganadores, y siempre de primer lugar. Rosemary no podía ser entrenada en ese sentido y por tanto debía abandonar la familia. Por aquellos tiempos Joseph Kennedy fue nombrado embajador en Inglaterra y llevó con él a la niña, que fue entregada en custodia a un empleado de la embajada, Eddie Moore, y su esposa; ellos se ocuparon de la niña y funcionaron como sus padres sustitutos por muchos años. En Londres ella asistió a una escuela especial y cuando regresó a los Estados Unidos fue internada en conventos, primero en Washington y más tarde en Boston.

Después de los veinte años de edad, Rosemary comenzó a manifestar cambios de carácter, volviéndose muy irritable y su conducta era impredecible; a veces rompía cosas, arremetía a golpes contra la gente o entraba en períodos de crisis nerviosas, por lo que Joe decidió que se le practicara la lobotomía que era un procedimiento en extremo radical. Habiéndose operado, se solucionó el problema de su conducta violenta, pero quedó incapacitada de manera irreversible, perdió la capacidad de hablar y de mover algunos músculos, no podía mantener la cabeza erecta y tenía otros desórdenes físicos y psíquicos que le impedían valerse por sí misma.

En realidad, Rosemary no era una incapacitada antes de su lobotomía; de hecho, un niño cualquiera que no puede hacer una multiplicación de dos dígitos a la edad de nueve años, como Rosemary, no es significativamente retardado; pongamos como ejemplo lo que ella misma escribió a la edad de seis años:

Querido Santa Claus, te escribo porque quiero una muñeca, una muñeca y una carriola, y algunas muñecas para recortar, y un juego de platitos. Tu amiga Rose Kennedy, 31 Naple Rd.

Aquella niña se convirtió en una muchacha y fue lobotomizada, con lo que dejó de ser una persona socialmente rescatable, y eso le pasó por no ser capaz de obtener el primer lugar en las competencias que organizaba su padre para satisfacer su enorme narcisismo.

Al igual que muchos de los "amigos", socios y colaboradores de Joe, ella fue simplemente "descartada" porque no tenía mucho que ofrecer al clan Kennedy. *Si dejabas de servir a Joe, dejabas de existir para él,* escribió una conocida suya.

La lealtad familiar de Joe Kennedy era aplicada solamente a los miembros que le resultaban útiles. Incluso su enamoramiento y matrimonio con Rose no fue sino la manifestación de alguien que busca "salir adelante". Para un joven bostoniano de clase media, ¿cuál podría ser mejor estrategia que casarse con la hija del popular alcalde de la ciudad?

Por supuesto, una vez que había obtenido todo lo necesario del alcalde, su relación con él se fue enfriando, al grado de que el abuelo "honey" Fitz tenía que asegurarse de que su yerno no estaba en casa para visitar a su hija y a sus nietos.

Arthur Goldsmith, compañero de banca de Joe en Harvard, y más tarde su socio en los negocios, recordaba que aun cuando Joe cortejaba a Rose y pretendía estar enamorado de ella, no perdía el tiempo para "flirtear" con otras mujeres. Goldsmith recuerda que una vez habían ido a patinar en ruedas con unas chicas de la farándula cuando de pronto vieron a Rose, quien también estaba patinando. Joe simplemente dejó a la chica con la que estaba y se acercó sonriente a Rose, presentando aquel encuentro como una afortunada casualidad.

Algo muy significativo de la personalidad predatoria de Joe Kennedy fue la manera como orquestó su primer encuentro sexual con una estrella de cine: la exquisita Gloria Swanson. Habiéndola convencido de que él sería el socio ideal para algunos negocios que ella estaba planeando con su marido, Joe invitó a la pareja a pasar unos días en Florida, en diciembre de 1927; ahí organizó un paseo de pesca para el esposo y citó a Gloria en una Suite del hotel, donde prácticamente la violó.

Antes de decir cualquier cosa, su boca ya estaba sobre la mía..., todo fue muy sorpresivo, él alcanzó muy rápido el clímax y se dejó caer junto a mí para acariciar mi pelo; todo aquello fue muy extraño, pues fuera del algunos gemidos pasionales, él no dijo nada coherente; por mi parte, yo no pronuncié palabra alguna.

Pero no fue sólo en el plano sexual que Joe se aprovechó de la brillante estrella de cine, sino también en los negocios, pues le tendió una trampa financiera de la que ella no pudo librarse: se las arregló para despedir a las personas clave de la compañía productora de Gloria y las sustituyó por gente leal a él; así comenzó a presionarla para que le cediera los derechos de distribución exclusiva de sus películas de mayor éxito: *Sadie Thompson y The love of Sunya*. Y para que su operación fuera más completa y satisfactoria, él contrató al esposo de Gloria para que trabajara bajo sus órdenes, así él controló el negocio de ella, su actuación en el cine, su sexualidad y a su marido. En sólo dos meses, Joseph Kennedy se metió por completo en la vida de Gloria Swanson.

Joe estaba en el estudio de Gloria cuando recibió un telegrama con la noticia de que su padre había muerto en el Hospital Deaconess, en Boston; pero él estaba tan ocupado en la producción de una película que prefirió no asistir al funeral de su padre.

Más tarde, cuando murió Joe Junior, también se puso en evidencia su escasa sensibilidad: él se acercó a sus otros hijos y les dio la noticia; ellos estaban profundamente conmovidos; pero el padre les dijo que no debían suspender las competencias pendientes o cualquier otra actividad; todos obedecieron, con excepción de Jack, quien no pudo superar fácilmente la depresión por la pérdida de su hermano, y por algún tiempo se dedicó a pasear en solitario por la playa.

El hombre de fría mirada

Como sucede con los auténticos animales de presa, la decisión de Joe se vislumbraba en su mirada: sus ojos se fijaban con gran intensidad frente a las personas, y cuando se enojaba... *su mirada se tornaba fría, con el viso del acero; sus pupilas se dilataban mucho; el efecto era impresionante, pues significaba total ausencia de sentimiento humano; sus ojos reflejaban una actitud amenazadora y un peligro para quien se le enfrentara.*

Una vez que Gloria Swanson le ofreció los servicios de su nutriólogo para Rosemary, Kennedy se puso pálido de ira... *yo lo había visto enojado con otras personas, recordaba Gloria, pero ahora, por primera vez, lanzaba su enojo en mi contra; aquello era escalofriante; sus ojos azules parecían dos hielos y tenían la dureza del acero.*

Un invitado de la casa describió la mirada de Joe: *Azul como el acero, entraba dentro de ti y parecía traspasar tu alma, entonces te sentías desnudo e indefenso.*

Hasta sus hijos recordaban con temor lo que significaba el ser capturados por aquellos ojos intensamente focalizados. A la muerte de Joe Jr. El viejo Joe decidió que el siguiente de la línea debía prepararse para ser presidente. Un amigo recuerda cuando Jack dijo: *siento los ojos de mi padre clavados en la nuca.*

Un amigo de la infancia de los Kennedy recordaba: *Aquellos ojos... esa era su mayor disciplina."*

Lem Billings apunta: *Sus ojos podían volverme loco.*

Rose también habla de la mirada fría y penetrante de Joe tras sus gafas, lo que llegó a tomarse como un lugar común en la familia, que se refería a ello como "la mirada de papá."

Si los ojos son el espejo del alma, aquella mirada de serpiente que tenía Joe eran el reflejo de la maldad que tenía adentro, y esto no es un juicio moral, sino una apreciación de motivaciones más profundas que las humanas; algunos de los motivos comunes en los mamíferos están ausentes en los reptiles, principalmente aquello que tiene que ver con la crianza de los pequeños; para los reptiles, sus hijos no son sino una cercana manifestación de la vida propia y carecen de los mecanismos mentales de los mamíferos superiores, que desarrollan sentimientos y emociones identificables como expresiones de ternura hacia sus hijos. No es una simple metáfora literaria el referirse a los psicópatas como seres de "sangre fría", o como a "serpientes entre la hierba". La extraña combinación de legítimo afecto y ausencia de moral tipifica un tipo de personalidad que se identifica de manera operativa en personas que operan la realidad desde una posición de reptil.

La observación clínica fundamenta la hipótesis de una cierta condición de reptil en algunos caracteres psicopáticos particularmente primitivos, lo que se identifica por la ausencia de emoción en su mirada. Es común en la experiencia psiquiátrica el observar pacientes que miran a su alrededor de una manera fría, dura, cruel, vacía, ausente de sentimiento..., las reacciones comunes ante esta clase de actitudes son del tipo de "me da escalofríos", "me da la impresión de que su mirada me traspasa, o "siento que su mirada se clava en mi nuca."

Un biógrafo de la familia Kennedy se refiere en especial a las características predatorias de la mirada de Joe de la siguiente manera:

Extraordinariamente pálido, con un agrandamiento ocular fuera de lo normal, como demostrando una ausencia total de emociones; completamente relajado y tranquilo, sin dar lugar a un devaneo o distracción; el enfoque de su mirada era directo y prolongado.

Como es natural, la conducta predatoria de Joe Kennedy permanecía dentro de los límites de la tolerancia social, lo que también es propio de una conducta fría y cautelosa. Un reconocido especialista sobre el tema dice que si se arrestara a todos los psicópatas, quedarían pocos políticos, hombres de negocios, comerciantes de autos usados, traficantes de drogas y periodistas, además de los abogados que los defienden. La mirada intensa de Joe era sin duda la imagen externa de una condición psicológica especial, en la que predominaba la total indiferencia ética.

John Kennedy elaboró su concepto de las mujeres a partir de la ideología y las actitudes de su padre; para Joe las mujeres eran simplemente "disfrutables", como los licores y la comida; existían para ser usadas, explotadas, comercializadas o cedidas a cambio de favores. Una anécdota podría ilustrar estas aseveraciones: Jack, adolescente, regresó a casa al terminar los cursos en el internado y encontró su cama cubierta con revistas pornográficas abiertas en las páginas donde se encontraban las imágenes más sugestivas. *Ésta es la idea que papá tiene de una broma,* comentó.

No es de sorprenderse que Jack creciera con la idea de que las mujeres están ahí simplemente para la satisfacción de los varones. *Mi padre nos decía a los hermanos que tuviéramos relaciones sexuales con la mayor frecuencia posible,* decía Jack ... *actualmente, yo no puedo dormir sin haber tenido sexo.*

Sin embargo, Joe Kennedy era un libertino controlado, pues manejaba con su familia una imagen moderada, pero no tanto como para que presentara algún freno o prejuicio moral respecto del sexo. Doris Kearns Goodwin nos dice que en más de doscientas cartas que Joe Kennedy escribió a su familia, no se podía encontrar una sola expresión moral.

Por todo esto, no es de sorprenderse que la vida de Jack fuese la demostración de los valores de su padre: lo principal en la vida es lograr lo que uno quiere, ganar siempre, sin importar el costo o a quien se lastime. Los piadosos discursos de "integridad", "amor al prójimo", etcétera, están bien en la iglesia, pero nada tienen que ver con la realidad.

Rose Fitzgerald

Por contraste, o tal vez como una reacción en contra del libertinaje de Joe, la sexualidad de Rose era muy austera; ella fue desarrollando la personalidad de una esposa amargada, melancólica y dependiente. Pero uno tiene que comprender que Rose se educó en medio de una subcultura especial: la "mafia irlandesa", cuyos valores permiten y estimulan la supremacía masculina y el desprecio hacia las mujeres; la variedad en la experiencia sexual está reservada a los varones, lo que es un dato incluso positivo, una muestra de masculinidad, y aquello que "da sabor a la vida". El propio padre de Rose "honey Fitz", por lo menos tenía un "affaire" bien conocido, lo que fue como un mensaje para su yerno Joe Kennedy, y no significaba otra cosa sino que el rey puede tener sus concubinas y nadie tiene por qué reprochárselo; aunque esa no era una filosofía generalmente aceptada en la sociedad norteamericana, tanto que la carrera política de Fitz se detuvo bruscamente cuando se vio envuelto en un escándalo con una prostituta: en medio de una enconada competencia política por la alcaldía de Boston, el oponente de Fitzgerald, James Michael Curley, encontró la flecha que necesitaba para abatir a su enemigo; se trataba de una prostituta de Nueva York llamada Elizabeth Ryan, conocida como "Toodles"; Michael, que en esos momentos era congresista, se las arregló para conseguir las pruebas necesarias y envió una carta insidiosa a la esposa de Fitz, informándole que su marido, el alcalde, tenía relaciones con una dama de la vida galante a quien llamaban Toodles, y que él, podría hacer público el asunto en cualquier momento si su marido, el alcalde, no retiraba su candidatura para la reelección. En ese momento, su hija Rose tenía veintitrés años y ya estaba comprometida, por lo que un escándalo no sólo tenía un fuerte costo político, sino familiar, por lo que pidió a su esposo que se retirara de la campaña, lo que él tuvo que hacer.

Al poco tiempo de su matrimonio, comenzó el deterioro emocional de Rose. No debería sorprendernos que una muchacha que había tenido un fuerte indoctrinamiento religioso hubiera generado una sexualidad reprimida.

Por un lado, ella era prácticamente una monja, y por otro era la niña mimada de un papá tradicionalmente machista y políticamente poderoso; tal vez si hubiera tenido la suerte de casarse con un hombre gentil y sensible, su sexualidad hubiera alcanzado niveles normales; pero Joe Kennedy no poseía esta cualidad en absoluto, además de que él la tomó en matrimonio más por conveniencia política que por amor. Joe tenía una visión psicopática y claramente darviniana de la vida: *Todo es una selva donde sobreviven los más fuertes.* Él no tenía el tiempo y la disposición para actuar con paciencia y sutileza con su joven esposa; él era rudo y directo, por lo que ella procuraba evitar la relación y sólo aceptaba el sexo por estrictos motivos de procreación, lo que exasperaba a Joe:

– Escúchame bien, Rose, esa idea tuya de que en el sexo no puede haber romance más allá de la procreación es una idea equivocada – dijo Joe delante de amigos –. *Eso de ninguna manera fue pactado ante el altar, el sacerdote nunca dijo algo así ni se lee en los libros religiosos. Si tú no abres tu mente en esto, ¡yo te acusaré con el sacerdote!*

Pero eso de avergonzar a Rose delante de los amigos y amenazarla con lo del sacerdote, obviamente no era el mejor camino para superar las inhibiciones de ella, fuertemente impresas en su educación irlandesa y católica. A partir de éstas y otras actitudes de su marido, Rose reafirmó su represión sexual y desarrolló una sensación de disgusto por todo aquello que sentía como "sucio".

En septiembre de 1918, Rose dio a luz a su tercer hijo, una niña a quien llamaron Rosemary, y en otoño de 1919 volvió a quedar embarazada por cuarta ocasión en cuatro años; ella estaba fisiológica y psicológicamente exhausta, además de que Joe la engañaba abiertamente y casi nunca estaba en casa, por lo que ya no pudo soportar más y en enero de 1920 simplemente se fue de la casa, dejando a Joe y a los niños, y se refugió en la casa de sus padres en Dorchester.

Pero aquella separación no duró más de tres semanas, porque Rose no midió la capacidad psicopática de su marido. Tal vez ella pensó que él reflexionaría en su relación y podría cambiar un poco, perdonando su huída; pero eso era demasiado ingenuo. Joe no reaccionó en absoluto, dejando que las cosas se arreglaran como tenían que arreglarse en el mundo de Rose. Lo que realmente sucedió, pues finalmente el padre de Rose, John F. Fitzgerald, le recordó con severidad sus deberes como esposa irlandesa y católica, enviándola de regreso a la casa con su legítimo esposo.

Así que Rose regresó a Beals street y unas semanas después dio a luz a su cuarto hijo, otra niña, a quien bautizaron como Kathleen. Rose nunca volvió a intentar romper su matrimonio; para bien o para mal se convirtió en el arquetipo de la madre abnegada y de la mujer estoica de un marido libertino.

Aunque Rose no era ciertamente el ama de casa típica norteamericana, ella nunca cambió pañales ni cuidó a los niños directamente, pero sí asumió la función de "gerente general" de la casa y del entrenamiento de los niños, encargándose de que todo se hiciera con puntualidad y eficiencia. Ella recordaba esa labor:

Tenía que asegurarme de que hubieran suficientes pañales y de la calidad requerida. Que los biberones fueran debidamente esterilizados, que los niños hicieran sus tareas..., yo nunca hice mucho por mí misma, pero tenía que ver que todo se hiciera de la manera programada.

Más que una madre, Rose era una "ejecutiva" en su hogar, su responsabilidad era el que las cosas se cumplieran como debía ser para el correcto funcionamiento de la empresa-clan Kennedy; como un buen gerente, ella tenía una serie de registros donde anotaba el cumplimiento de las operaciones de la casa y el condicionamiento de los niños, en especial su historial médico y la estadística de su avance en todo sentido, con objeto de proporcionar datos para evaluar la eficiencia familiar. Diariamente hacía una "inspección" completa para descubrir anomalías en cualquiera de las áreas de funcionamiento de la casa. Aunque tal parece que no había suficiente personal, pues ella cuenta que ... *pasaba muchas horas cosiendo, remendando, bordando o zurciendo.*

La conducta de Rose era la de una típica madre obsesiva-compulsiva, que sustituye el cuidado amoroso de la casa por un modelo neurótico de "trabajo pesado". Aquella casa, en el 51 de Abbotsford, Brooklin, Massachusetts, se convirtió en una fábrica de niños triunfadores, bien alimentados y a los que nunca les faltaba un botón. Cuando nació otra hija, Jean, Rose programó un viaje a París. Un maestro de Jack señala que cada vez que la señora Kennedy tenía un hijo, contrataba otra nodriza y hacía un viaje. Una vez, Jack confesó a un amigo que él lloraba cuando veía a su madre empacando, hasta que se dio cuenta que su llanto no provocaba sino el disgusto de su madre y un mayor alejamiento emocional.

En edad temprana, Jack Kennedy se preguntaba por qué su madre pasaba tanto tiempo fuera de casa. Una vez en que Rose anunció que haría otro viaje de seis semanas con su hermana Agnes, Jack, de cinco años de edad, le reprochó muy agriamente diciendo:

– *¡Ah, tú sí eres una buena madre!; te vas y dejas solos a tus hijos.*

Las rígidas normas impuestas por Rose en su función gerencial molestaban mucho a los niños, además de que ella no acostumbraba tocarlos, acariciarlos, y tampoco los besaba nunca; de manera que ellos disfrutaban sus ausencias, porque cuando ella estaba presente, cualquier falta a las reglas era corregida con castigos físicos. Al principio ella utilizaba una regla de madera que guardaba entre sus implementos de costura, pero con el tiempo resultó insuficiente, pues ella se daba cuenta de que no tenía la autoridad del padre y sentía que sus esfuerzos disciplinarios eran infructuosos si el padre estaba ausente largas temporadas y ella perdía el control. Cuando los niños sentían la falta de supervisión, se rebelaban un poco y su conducta se volvía incivilizada de muchas maneras. Como en especial Jack y Joe tendían a la indisciplina, Rose comenzó a usar con ellos "ganchos" para colgar la ropa, que en aquellos tiempos eran de una madera gruesa; con ellos procuraba meterlos al orden. No hay evidencias de que ella disfrutara golpeando a sus hijos, pero eso es aún más dañino para la formación de un niño, pues la disciplina se vive como algo "terapéutico", lo que indica carencia de sentimientos. Puesto que la formación antierótica de Rose le impedía dar y recibir caricias, incluso con los niños, la única experiencia que tuvo Jack de haber sido tocado por su madre fue con un gancho para la ropa.

Jack, como buen político, cortés y cauteloso con lo que decía públicamente, nunca criticó a su madre; pero en la intimidad, con los amigos, algunas veces se quitó la máscara y demostró la amargura que había dejado su madre en su mente; una vez confió a un amigo:

– Mi madre era vista en una casa de modas de París o arrodillada en una iglesia; pero nunca se la hubiera podido ver acariciando a uno de sus hijos, eso nunca.

La aparente frialdad de Rose, su preocupación por la ropa, la joyería y toda clase de símbolos, produjo en Jack una gran aversión por esos elementos del arreglo femenino, que él asociaba con la ausencia de ternura o intimidad; su conocido libertinaje y frecuentes "conquistas" eran solamente la expresión de su libido, pero no el reconocimiento de lo femenino como algo valioso; y es de suponerse que nunca encontró una verdadera satisfacción con una mujer. Solamente en un estado de extrema excitación sexual John Kennedy permitía el ser tocado; él siempre manifestó una aversión hacia la idea de involucrarse emocionalmente con una mujer.

Pudor y libertinaje

Las primeras nociones de Jack Kennedy acerca de las mujeres y en general de la vida, se formaron por la influencia de un depredador y de una mojigata; por consecuencia, el desarrollo de su sexualidad tuvo en principio la orientación de la conquista como una forma de uso y abuso de las mujeres como objetos, lo que siempre hizo su padre y transmitió a sus hijos; para los Kennedy no había límites: *mientras más mujeres tienes, más hombre eres; las más hermosas, las más interesantes, las más encantadoras son para ti. Tanto en el amor como en la política o en la guerra, todo se vale, y todo es propiedad de quien sabe conquistarlo.*

Joe Kennedy no ocultaba sus "pecadillos", sus conquistas sexuales le proporcionaban un sentimiento de gran orgullo narcisista. Ya entre adultos, Joe le contó abiertamente a Jack los detalles de su relación con Gloria Swanson, describiéndola como una mujer insaciable, capaz de tener varios orgasmos en una noche, lo que era un verdadero triunfo para él, que era un verdadero macho.

Desgraciadamente, la personalidad predatoria y psicopática del padre no encontraba el balance de una madre tierna y nutricia; por el contrario, la frialdad emocional de Rose y su represión sexual, combinada con su obsesión por el arreglo personal, negó a Jack la justa contrapartida para el desarrollo de una sexualidad sana. En vez de poner "en línea" la sexualidad de sus hijos, la escrupulosidad y banalidad de Rose, causó el efecto de amplificar la influencia del padre. Resulta curiosamente cierto el considerar que la mojigatería de la madre reforzó el narcisismo neurótico del padre.

En concordancia con la educación que recibió, la actitud sexual de Jack nunca maduró más allá del sentido del "trofeo" o el éxito obtenido delante de una mujer.

Inga Arvad, una de las muchas amantes de Jack, lo describe como *un muchacho, no un hombre; su principal objetivo sexual era la eyaculación, nunca la satisfacción de una mujer.*

Desafortunadamente, todos los hombres del clan Kennedy siguieron el patrón del padre y jamás desarrollaron una sexualidad normal. Una de las amantes del viejo Joe decía: *Yo creo que ninguno de los Kennedy es capaz de desarrollar algún sentimiento frente a una mujer.*

Henry James, quien fue compañero de Kennedy en Standford, dijo de él:

Jack nunca se enamoró; a él le gustaban las mujeres; él necesitaba a las mujeres, pero no era capaz de establecer una relación. James recuerda que una de las frases favoritas de Jack era: *Slam-bam, gracias m'am;* lo que era algo así como *ya eyaculé, gracias mamá.*

Lo único que interesaba a Jack respecto del sexo era la cacería y la satisfacción inmediata; era como un animal depredador. James recuerda a Jack diciendo: *Después que he conseguido a una mujer, ya no me interesa; me gusta la conquista, el reto, pero nada más; me gusta el momento de estarlas asechando, pero no me importa matarlas.*

Además de la relación disfuncional que Jack observaba en sus padres y que fue un patrón básico, Jack sentía una fuerte necesidad de probarse como hombre, lo que se originaba en su debilidad infantil, pues Jack era muy enfermizo de niño, lo que, según opinión de algunos médicos le causaba una especie de "complejo de hombre inferior", lo que aumentaba la tensión emocional de Jack y lo impulsaba a probar, a sí mismo y a los demás que él estaba bien, lo que confirma la teoría de Adler de que la noción de inferioridad se manifiesta exteriormente como superioridad.

Durante el verano de 1934, mientras otros miembros de la familia vacacionaban, Jack pasó unas semanas en la afamada clínica Mayo, en Rochester, tratando de descubrir qué estaba mal en su sexualidad, pues su desempeño era el de un adolescente; pero el asunto no era meramente físico. Lo único que consiguió con esos tratamientos fue avivar un erotismo descontrolado y la confirmación de una ambivalencia sexual frente a las mujeres, a las que él percibía como objetos deseables, pero también como "castigadoras". Durante aquella estancia en el hospital, John Kennedy, de veintisiete años de edad, escribió a su fiel amigo Lam Billings y le contaba de las enfermeras, describiéndolas como "carceleras de bata blanca"; pero también se refiere a ellas como: "las mujeres de mente más sucia que yo he conocido"; y concluye dando un autodiagnóstico: *Yo creo que lo único que tengo es un problema en los intestinos; parece que tengo mierda en la sangre.*

Más tarde, durante otra temporada que pasó en Rochester sufriendo de un insidioso dolor abdominal, Jack enfrentó una serie de humillantes tratamientos médicos y le contó a su amigo: *Estoy sufriendo terriblemente, tengo dolor de vientre todo el tiempo; como cualquier cosa, solamente chícharos y maíz.* Pero también relata que le fue aplicado un "enema" por una enfermera rubia: *Ésta fue una experiencia más bien vulgar; pero bastante excitante.*

Pero la cosa no paró en ese simple comentario, más tarde describe aquello de los enemas como *...la más extraña experiencia de mi vida; me aplicaron cinco enemas y yo me puse muy pálido, como muerto.* Después le cuenta con detalle a Billings que se le colocó en una silla especial, como de bombero, la enfermera rubia le bajó los pantalones y los calzones; después fue rodeado por varias enfermeras y *...el doctor tocó mi ano con su dedo; yo me sentí estremecido, tú sabes; después deslizó la cosa dentro de mí.*

En otra ocasión, él escribió a Billings: *Mi vitalidad pronto se agota.* Él se quejaba de haberse convertido en: *la imagen vacía de un verdadero hombre,* y de que su pene "se escondía". Él relata que una de las enfermeras le había permitido estar con él después de su turno, pero no había cumplido su promesa, lo que le produjo un gran pesar.

Las enfermeras son muy tentadoras y resulta que yo me he convertido en la mascota del hospital, escribió a Billings, y concluyó: *las enfermeras tienen una mente tan sucia como la tuya, llena de mierda.*

Jack era el caso típico del niño internado; su madre, además, siempre estaba embarazada o de viaje, mientras Joe tenía algún negocio o aventura amorosa en Florida o Las Vegas. Jack era un niño enfermizo en el internado. Una vez que se enfermó en la escuela, Rose escribió varias cartas para expresar su ansiedad por la condición de Jack; sin embargo, esta mujer que había viajado diecisiete veces a varias partes del mundo durante los últimos cuatro años, no era capaz de ir a Connecticut para ver qué pasaba con su hijo.

Algunos defensores de la familia Kennedy insisten en que aquellos detractores que presentan a Jack como un libertino igual a su padre simplemente alteran los hechos para crear una imagen negativa. Pero la veracidad de algunos hechos no puede ser negada, pues es corroborada, aunque involuntariamente, por una persona especialmente fiel a Jack, su secretaria personal, Evelyn Lincoln, en su libro *Mis doce años con John F. Kennedy,* que es una especie de tratado acerca del arte de elogiar a una persona más que una autobiografía. Ella, obviamente, admiraba mucho a Jack y dio la más positiva interpretación a sus actitudes. Sin embargo, en algunas anécdotas pone en evidencia la manera como Jack usaba a las mujeres:

... yo no sé lo que él haya dicho a quienes lo entrevistaron acerca de su vida amorosa; yo solamente puedo decir que una de mis tareas era el comunicarme con sus amigas para invitarlas al cine. Recuerdo que una vez, al final de un día de mucho trabajo, él se me acercó y me dijo en voz baja: llama a Ellen y dile si puede ir

conmigo al cine esta noche. Afortunadamente yo sabía quien era Ellen, así que la llamé y no conseguí comunicarme con ella sino hasta una hora después; contestó el teléfono sin aliento, pues parece que había subido las escaleras muy rápido. Cuando me dijo: habla Evelyn Lincoln, no me dejó hablar y dijo precipitadamente: ¡claro que acepto!..., ¿a qué hora debo estar lista? Yo le indiqué la hora y por su reacción supe lo que estaba pensando: ¿por qué no fui al salón de belleza?..., o ¿por qué no recogí mi vestido de la tintorería? Bueno, tal vez la próxima vez realmente estaré lista... Pero para chicas como Ellen, Susan, Jane y muchas otras, realmente no había una segunda vez; creo que él hacía las citas por impulso, sin pensarlo mucho y sin estar realmente interesado; aunque al pensar en una muchacha parecía estar obsesionado de momento y había que localizarla aunque tuviera que telefonear durante todo el día. Él no toleraba el que fallara aquella cita que se le había ocurrido espontáneamente; pero la mayoría de las veces no se volvía a escuchar el nombre de esa chica en la oficina.

Una de las admiradoras de Jack Kennedy, la escritora Gloria Emmerson, cuenta que a él no le importaba que una mujer dijera que sí o no, siempre había una sustituta; él permanecía muy lejano emocionalmente de las mujeres con las que tenía relaciones; ella incluso recuerda que cuando su compañera de cuarto estaba teniendo un *affaire* con Kennedy, él frecuentemente no recordaba su nombre cuando ella lo llamaba por teléfono; un poco turbado decía: *Hola... nena. ¿Cómo estás?...* La citaba en su propio departamento y a veces no le decía su nombre al portero del edificio, solamente le daba una descripción.

Otra de sus amantes cuenta cómo se acostó con él en su casa de Georgetown, donde se encontraban su esposa e hijos; aquello ocurrió precisamente dos días antes de la toma de protesta como presidente. Aparentemente Kennedy estaba considerando la posibilidad de dar al padre de ella un puesto de importancia en el gobierno, pues era un prominente hombre de negocios.

Él se estaba vistiendo, se volvió a mirarme y con un gesto de extrañamiento me preguntó si yo trabajaba en el departamento de personal.

Ella y Jack habían sido amantes por dos años y él no recordaba quién era ella.

Jaqueline Bouvier

John Kennedy conoció a Jaqueline Bouvier una tarde de mayo de 1951. Desde hacía tiempo que familiares y amigos andaban buscando la mujer adecuada para él, y Jack mismo había decidido que ya era tiempo de casarse. Un Kennedy de treinta y cinco años tenía todos los atributos para el éxito en la política, incluyendo el fuerte apoyo financiero de su padre; pero le faltaba algo fundamental: una esposa.

Jack odiaba las cenas formales en Washington, pero en casa de Charles Bartlett todo era diferente, así que esa noche encontró lo de siempre: agradable conversación, juegos y algo muy especial: una atractiva muchacha llamada Jackie. Kennedy quedó vivamente interesado por esta chica espigada, de voz sedosa y ojos brillantes. A diferencia de sus hermanas y otras muchachas de sociedad, competitivas y masculinizantes, Jackie tenía una rara combinación de belleza, inteligencia e ingenuidad que resultaba verdaderamente encantadora. En un momento ella planteaba una pregunta infantil con un tono de voz susurrante y un segundo después se mostraba aguda e irónica respecto de algún tema cultural.

Y lo más importante de todo, Jackie definitivamente no era una de esos cientos de muchachas que caían prendadas del joven político, atribuyéndole las mayores virtudes del mundo. Ella no creía que el clan Kennedy fuera realmente lo que una vez dijo Rose: "una nación en sí misma". A Jackie había que conquistarla con reales méritos y no con imágenes sociales.

Evelyn Lincoln, quien pasaba muchas horas arreglando la vida social del senador, recuerda la gran cantidad de mujeres que asediaban a Jack, pues él sin duda era un soltero altamente cotizado *...nunca vi algo así en mi vida,* dice Lincoln, *la mitad de las llamadas telefónicas eran de mujeres.* Pero Jackie, ya fuera de manera natural o planeada, se colocó fuera de ese ejército de solicitantes, lo que la puso en una distinta condición.

Cuando su relación se había convertido en algo más serio, una vez que se suponía que viajarían juntos a Nueva York, ella no se apareció en su oficina, así que él se fue a esperarla al aeropuerto. Evelyn Lincol trataba desesperadamente de localizar a Jackie, pues le parecía inconcebible que una mujer hiciera esperar al senador. Finalmente Jackie se presentó en la oficina fresca y relajada..., "¿dónde está Jack?", preguntó, como si fuera extraño que no se encontrara por ahí. "Él está en el aeropuerto esperando por usted", respondió Lincoln molesta. "Oh", dijo Jackie, en un tono de voz que combinaba perfectamente la inocencia y la frialdad.

Habiendo crecido en Southhampton y Newport, Jackie se sentía a gusto en su posición social; igual que Jack, ella era hija de un libertino con mucho éxito financiero: John "blackjack" Bouvier III, miembro de una reconocida agencia de bolsa de Wall Street; aunque más que por su trabajo, Bouvier era conocido por sus aventuras amorosas. Él había sido un *bon vivant* en los años veinte; pero no había tenido el "talento" o la ausencia de prejuicios de Joe Kennedy para manejar la crisis y ésta lo había golpeado seriamente, por lo que su situación no era ni con mucho similar a la de los Kennedy. Jackie adoraba a su padre, en especial por esa mezcla de encanto y desaliño que le daba un tono bohemio. Probablemente fue por eso que no percibió el lado oculto del clan Kennedy, pues cuando conoció a Joe, en Palm Beach, éste logró magnetizarla con su encanto; a partir de ahí, ella lo llamó cariñosamente "abuelito". Pero junto con esa aparente aceptación del "abuelito" Kennedy, Jackie tenía sus planes, pues una parte de ella también era fría y calculadora; eso le venía de su madre, Janet, quien tenía una visión muy aguda para los negocios, lo que traspasó a su hija con gran cuidado. Ella era la madre adecuada para una mujer que habría de casarse primero con un presidente y después con un magnate naviero; ella le enseñó cómo usar sus encantos de la justa manera para lograr sus objetivos. Cuando la fortuna del padre se evaporó con la depresión, Janet se divorció de su esposo bohemio y se casó con Hug Auchincloss "un caballero a la antigua, con una buena reputación y una magnífica fortuna", con lo que resolvió sus dos mayores problemas, que en realidad eran uno solo: un marido pobre y mujeriego; así que Jackie tenía un gran ejemplo y una guía al relacionarse con el más prometedor de los miembros del clan Kennedy.

Desde un principio, sus sentimientos hacia Jack fueron una mezcla de emoción y cálculo. Ella no era una mujer pasional, pero hablaba de Jack con un gran entusiasmo y había un tono de ternura en su voz; pero al mismo tiempo se refería al hecho de casarse con el soltero más codiciado de Washington como si se tratara de invertir en una obra de arte cuyo valor no era todavía definible.

La "madame" de la vida social de Jack, Evelyn Lincoln, sintió que en el día de su boda Jack y Jackie no estaban realmente enamorados:

– Yo creo que el viejo Joe tuvo mucho que ver con este arreglo matrimonial..., yo creo que él la persuadió. Jackie era la esposa ideal para un candidato a la presidencia. No hubo amor en esto, estoy segura.

Fue un matrimonio político, sin duda; pero en este caso la princesa iba con los ojos bien abiertos. Desde sus días prenupciales en Hyanis Port, Jackie aprendió que los Kennedy eran una tribu machista y que ahí, empezando por la madre mártir, Rose, a las mujeres se les asignaba el rol de obedecer y callar ante los prepotentes hombres del clan;

como Ethel, la esposa siempre embarazada de Bobby, quien no tenía otro destino que el de ser reproductora.

Jackie se incorporó al clan de los Kennedy desde antes de casarse, pero como un "elemento perturbador" y no como una pieza más del engranaje familiar. En su primer fin de semana en Hyanis Port, Jackie se vistió para cenar, apareciendo en un lujoso atuendo que hubiera sido apropiado para una cena en Nueva York; pero que resultaba fuera de lugar en una cena familiar. Aquello causó una verdadera conmoción en las hermanas de Jack quienes tomaron aquello como un reto y trataron de llevar a la intrusa a su propio terreno, que era la competencia, por lo que involucraron a Jackie en un juego de football "tocado", que de cualquier manera era bastante rudo, por lo que Jackie se rompió un tobillo.

Era evidente que Jackie no se incorporaba al clan, ni en la competitividad ni en la sumisión de las mujeres; ella no aceptaría un marido prepotente y sexualmente libre; su propia madre se había divorciado de un marido "indiscreto" y Jackie no estaba educada a la manera de Rose o las mujeres Kennedy.

Por su parte, Rose expresaba:

–Al principio yo me acercaba mucho a ellas (Jackie y Ethel); había rumores, cartas anónimas, toda clase de historias; todo eso era parte del espectro político y era natural que pasara; así se los explicaba yo a mis nueras aun antes de casarse; a mis hijas no había necesidad; ellas estaban acostumbradas, ellas crecieron con eso, pero no mis nueras, para ellas esa era una atmósfera completamente nueva, porque ellas eran ajenas a la política.

Pero lo que Rose llama "política", no era otra cosa que la secuencia lógica de la conducta psicopática de su marido. Rose había hecho una serie de ajustes psicológicos para manejar con el menor conflicto su matrimonio con el adúltero más conocido de Boston; ella había cultivado una especie de ceguera y sordera para no asumir que su marido tenía muchas amantes e incluso las llevaba a la casa, como en una ocasión que llevó a su "caddie" de golf, una chica de dieciocho años, a su habitación en la parte superior de la casa, mientras Rose servía la cena en la planta baja. Aunque no de una manera explícita, Rose pensaba que las futuras esposas de sus hijos tenían que entrenarse para adquirir los hábitos de codependencia y sumisión propios de las mujeres de los Kennedy; ella sabía mucho de eso y estaba dispuesta a entrenar a sus nueras.

Pero Jackie no tenía la menor intención de entrar en el juego que proponía Rose y adaptarse de manera pasiva al estilo de vida de Jack; ella sabía de sus devaneos y tenía información de primera mano acerca de la manera como Joe trataba a Rose. Un poco antes de la boda, ella preguntó a una amiga:

– ¿Qué se puede hacer para casarse con alguien a quien amas, pero que no puede evitar el serte infiel?

Jackie vino a "perturbar" el Clan Kennedy.

A pesar de todo, la boda se realizó conforme a lo planeado, a pesar de los fuertes recelos de Jackie respecto de la promiscuidad de su esposo; por supuesto fue un evento muy sonado, presidido por el arzobispo primado de Boston y con un mensaje especial del papa Pío XII. El único problema fue que el amado padre de Jackie no pudo entregar a la novia, pues él se había hospedado en el hotel Viking sin más compañía que una botella de whisky que fue enteramente consumida poco tiempo antes de la boda, por lo que no se encontraba en condiciones de asistir. A pesar de todo, según las crónicas de *Life* y de *The Boston Globe,* éste fue el evento del año, y tal vez de la década.

La pareja parecía feliz, pero no encontró rápidamente su estabilidad matrimonial, porque se agravaron los padecimientos de Jack, especialmente los dolores de espalda, que lo atacaron con severidad desde el día de la boda. Jackie pensaba que se había casado con un atleta y resultó que su flamante marido era poco menos que un inválido. Esto era sorpresivo, pues no había mito más difundido que el extraordinario vigor de los Kennedy y su capacidad deportiva, hasta ese momento se le había ocultado a ella, lo mismo que al público, que Jack tenía problemas físicos crónicos.

Después de consultar a numerosos especialistas, se decidió que Jack requería de una complicada operación de los discos de la columna, lo que era peligroso para cualquier persona, por más cuidado médico que tuviera, y en especial para Jack, pues él además sufría del mal de "Adison", lo que aumentaba el riesgo de la operación a un grado tal que se tenía solamente un cincuenta por ciento de probabilidades de sobrevivir. El 21 de octubre de 1954, Kennedy se sometió a la cirugía en el *New York Hospital for Special Surgery.* La intervención fue un éxito, pero se le desarrolló una alteración de las vías urinarias que estuvo a punto de matarlo.

Mientras Jack convalecía en su cama de hospital, Jackie y Joe prepararon la estrategia para presentar aquello como una enfermedad común y evitar que se difundiera la verdad respecto del verdadero estado de salud del senador, pues eso crearía una mala imagen para su futura campaña presidencial. En una carta a Lyndon B. Johnson, el nuevo líder de la minoría en el senado, Jackie se las manejó para hacerle creer que su marido estaba progresando muy rápido y pronto estaría bien. Después fueron juntos a Palm Beach por un período de descanso y regresaron a Nueva York para una segunda operación.

Jack salió del hospital seriamente deteriorado, apenas con vida; durante varios meses, la recién casada tuvo que cuidar al marido convaleciente.

Finalmente, el verano de 1955, Jack parecía estar recuperado por completo y fue a pasar unos días al *Wianno Beach Club,* donde trabajaba una dama que había salido con él en sus días de soltero; ella aseguraba que nunca se había acostado con Jack; estaba casada ahora y no había pensado en él por años. Jack se acercó a ella:

– *¿Qué tal si vamos a un motel, eh?... hay uno muy cerca.*

La mujer, sorprendida, quedó sin palabras.

– *¡Anda, vamos!* —insistió Jack—. *Será muy divertido; ¿qué te preocupa?*

– *Estoy cansada* —respondió ella.

– *Y eso qué importa; ¡vamos! Tú sabes que hay un motel por aquí, a unos pasos.*

– *No, Jack, definitivamente no.*

El senador no se molestó realmente, se encogió de hombros y se marchó.

Después de una explosiva convención del partido demócrata en Chicago, Jack y Jackie volaron juntos a Nueva York y ahí, en el propio aeropuerto, se despidieron, pues Jack había decidido volar a París para tomarse unas vacaciones en el sur de Francia; ya tenían tres años de casados y Jackie estaba embarazada. Después de tres años y a pesar de la enfermedad que había puesto a Jack al borde de la muerte, Jakie sabía que su marido no viajaría solo.

En Cannes, Jack y sus amigos alquilaron un Yate y se fueron costeando por el Mediterráneo en compañía de unas damas guapas y jóvenes, incluyendo a una estrella del cine francés. Mientras Jack y sus amigos se divertían en el mar, Jackie sufrió una hemorragia, el 23 de agosto de 1956 fue llevada de urgencia al hospital de Newport donde se le practicó una cesárea, pero no se pudo salvar al bebé.

Enterado del problema de su esposa, Jack suspendió de mala gana sus vacaciones y regresó a casa, él hubiera querido pasar más tiempo en el yate, pues esto lo relajaba tanto que su salud había mejorado notablemente, lo que revelaba su egoísmo, pues parecía no importarle el estado de su esposa ni el hecho de haber perdido a un hijo. Aquello lastimó tanto a Jackie que ella estaba dispuesta a promover el divorcio; pero Joe tomó cartas en el asunto, pues la estabilidad del matrimonio y la personalidad de Jackie era clave para sus aspiraciones de llegar a la Casa Blanca a través de su hijo.

Pero el asunto volvió a platicarse tiempo después; Jackie sentía una gran insatisfacción por la conducta compulsivamente promiscua de su esposo y comenzó a hablar con sus amigas sobre la posibilidad del divorcio. Un domingo, durante el lunch con sus amigos Walter y Marie Ridder, ella confesó:

—*Él se fue. Yo no sé dónde está ni he tenido noticias de él últimamente. Está en campaña, pero anda con una mujer. Tengo que divorciarme de él.*

—*Bueno, Jackie* —dijo Ridder—. *Yo comprendo tus sentimientos; ¿pero estás segura de que quieres arruinar sus posibilidades de ser presidente?*

—No —replicó Jackie, tomando la decisión que se esperaba de una mujer del clan Kennedy.

Aunque fue una decisión no solamente circunstancial y propia de las mujeres Kennedy, lo mismo hizo Lady Bird Johnson y Hillary Rodham Clinton, las dos por las mismas razones. Las mujeres de los candidatos presidenciales tienen que cerrar los ojos ante la infidelidad de sus esposos, porque de otra manera ellas mismas perderían el acceso a la Casa Blanca; y una vez instaladas en el 1600 de la avenida Pensylvania, seguramente tratarán de convencerse ellas mismas de que los signos y rumores de infidelidad de sus maridos son generados por sus enemigos políticos, por conspiraciones de la extrema derecha o de la izquierda, o producto de la envidia. Ellas tenderán a estar siempre "al lado de su hombre" y apoyarlo, porque saben cómo llegaron a la Casa Blanca y nadie renuncia a una posición tan importante por moralidad o sensibilidad personal. Como explicaba Rose Kennedy: *Todo es parte del espectro político.*

SEGUNDA PARTE

El ser histórico

El destino político

Al igual que los príncipes renacentistas, los hijos de Joe Kennedy estaban destinados fatalmente al poder, la familia debía pasar del simple deporte de hacer dinero a la apasionante función del mando en un sentido social, en otras palabras, a la política.

En la posguerra habían venido dominando los republicanos, básicamente conservadores y cuidadosos de sus privilegios, por lo que los Kennedy, como irlandeses y nuevos ricos de dudosos orígenes, nada tenían que hacer; pero la inercia que la administración republicana imprimió en la vida política norteamericana produjo en los demócratas una especie de severo examen de conciencia, o una revisión a fondo de su arsenal persuasivo. Aquel lapso de espera era una ocasión propicia para adecuar el partido, sus hombres y su ideología a la nueva situación del país, aquí sí tenían cabida los nuevos hombres y las diversas tendencias. Los demócratas tenían por entonces un gran líder: Adlai Stevenson. Perder las elecciones presidenciales de 1952 frente a Eisenhower no había sido propiamente una derrota, eso estaba claro para todos. Stevenson aventajaba al general en todos los órdenes, excepto en el simbólico. Y por supuesto éste era fundamental en aquellos tiempos de la posguerra, ya tardía, pero todavía vigente en el ánimo de los votantes. Por consiguiente, Stevenson y su gente afrontaron el período que siguió sin el menor complejo de frustración, prueba de ello es que el partido lo designó de nuevo para correr la misma aventura electoral en 1956, frente al mismo contrincante.

Adlai Stevenson, con su ánimo liberal y abierto, su inteligencia lúcida y flexible, que le permitía captar agudamente el sentido del presente, fue el "gancho" que atrajo al partido demócrata a toda una nueva generación, para la que nada decían los políticos del viejo estilo. Pero aquella contienda también sería desfavorable para esta nueva tendencia, y una vez más triunfó el símbolo y la experiencia; de manera que para 1960 ya Stevenson había consumido su tiempo histórico, por lo que quedó el camino abierto para los jóvenes formados en su ideología, y de entre ellos, el más carismático y poderoso era sin duda John F. Kennedy, quien, ya se había probado como senador, y se mantuvo siempre al lado de Stevenson y de su gente. A pesar de la clara ambición política de Joe Kennedy, tanto éste como el hijo prefirieron optar por una candidatura a la vicepresidencia, presentándose como el "delfín" de Stevenson. Con esta mira encargó a Theodeore Sorensen, un importante analista político, un estudio sobre sus posibilidades, y en los sondeos de éste se puso en claro que Stevenson veía con buenos ojos su candidatura a la vicepresidencia, que no le preocupaba el hecho de que John fuese descendiente de irlandeses y católico; además, consideraba que él podía dar a su candidatura una imagen de juvenil renovación, que era lo que más necesitaba el viejo político. No obstante, entre los asesores de Stevenson, Kennedy tenía fuertes detractores, pues conocían las desmedidas ambiciones del padre y su falta de ética.

Con toda discreción, Adlai Stevenson hizo alentar indirectamente la pretensión de Kennedy, con lo que él, se decidió a librar la batalla por la vicepresidencia. El gesto más claro de Stevenson consistió en encargarle un discurso ofreciendo su candidatura ante la próxima convención demócrata, y le hizo llegar un borrador del mismo redactado por su equipo. Stevenson tenía gran interés en controlar todo lo que su pretendido pupilo dijese en público, para que no se corriera el riesgo de rebasar su propio ideario. En la práctica, Stevenson tendría en sus manos todos los detalles de la convención, pero todavía dando margen para el juego político de los candidatos a la vicepresidencia.

Sin embargo, Kennedy respondió con un gesto muy suyo: hizo caso omiso del borrador que se le había remitido y se puso a redactar con Sorensen un nuevo discurso, con plena independencia de lo que se le había sugerido.

Tal como estaba previsto, la convención demócrata de Chicago designó a Adlai Stevenson candidato a la presidencia de los Estados Unidos. Pero una vez confirmado clamorosamente, se planteó el tema de la vicepresidencia. Objeto de innumerables presiones, Stevenson no se había decidido aún. La costumbre lo autorizaba a nombrar por sí mismo a su compañero de candidatura. Pero él sugirió que para dar un tono más democrático al proceso, que fuese la misma convención la que eligiese al candidato a la vicepresidencia.

– *Puede verse emparejado con alguien que no le agrade* —le dijeron.

– *Acepto ese riesgo. Creo que vale la pena hacer sentir más importantes a los delegados en la convención. Por otra parte, ello nos diferenciará notablemente del partido republicano ante la opinión pública, pues ahí han de aceptar a Nixon como candidato a la vicepresidencia, sin otra alternativa.*

Stevenson tuvo que vencer muchas resistencias entre los jerarcas de su partido que rechazaban aquella innovación. Pero finalmente se impuso su prestigio. La convención tendría que elegir.

Los aspirantes a la vicepresidencia pusieron inmediatamente en marcha a sus respectivos equipos. Comenzaron a circular delegados por todas partes, buscando conexiones, sondeando posibilidades, ofreciendo alianzas. Kennedy se hallaba en su elemento, jugando todas sus cartas para lograr el número preciso de votos.

La pugna por la designación vicepresidencial se polarizó en los nombres de Estes Kefauver y John Fitzgerald Kennedy, quienes mantuvieron una enconada lucha. Lyndon Johnson inclinó la balanza a favor de Kennedy, pero Kefauver recuperó terreno y finalmente salió vencedor.

Esta derrota era una experiencia nueva para quien había ganado con tanta facilidad el senado. Pero aparentemente supo asimilarla con caballerosidad, pidiendo al público una aclamación unánime para el triunfador.

Aparentemente, pues, la ardua pugna de unas horas no había dejado cicatrices en el tejido vivo del partido demócrata, como habían temido los que recomendaron a Stevenson evitar el juego de las votaciones. Sin embargo, bajo la superficie de tranquilidad y consenso, quedaban una serie de cuentas pendientes. Tanto Kennedy como Hubert Humphrey se sentían defraudados, porque ambos habían esperado –sin razones sólidas para ello– un apoyo decidido de Adlai Stevenson, y la conducta de él les pareció inconsistente y fluctuante.

–Ha estado indeciso, blando *–se quejaba Kennedy con sus íntimos–*. No ha dado la medida de la firmaza que puede esperarse de un gobernante.

Pero aquella era una opinión parcial. Adlai Stevenson había actuado como juzgaba más conveniente en el ambiente político en el que en esos momentos se vivía en el seno del partido; además de que la figura del vicepresidente, para un candidato incontrovertible como Stevenson, no era más que un complemento electoral, y en caso de llegar al poder, la capacidad de Stevenson hubiese resultado apabullante para su complemento.

Pero nada de eso se pudo comprobar, porque Stevenson fue vencido por segunda vez por el general Eisenhower, con Nixon en la vicepresidencia, con lo que los republicanos continuarían en el poder por otros cuatro años.

Sólo más tarde comprendió Kennedy, de acuerdo con las opiniones de su padre, que su ocasional derrota en la convención de Chicago había sido una suerte para él; obtener entonces la designación para la vicepresidencia hubiera significado compartir la derrota electoral de Stevenson y probablemente tener que esperar mucho más tiempo para volver a presentarse en la alta política, como sucedió con Kefauver. En 1960, Adlai Stevenson.

El senador Kennedy tuvo tiempo para sedimentar aquellas experiencias; fríamente, calculaba la magnitud del desgaste político de Adlai Stevenson, vencido dos ocasiones, cuyas posibilidades serían ya muy dudosas en un tercer intento; era el salto de un generación. Invalidado Stevenson, con todo lo que había significado para los demócratas, la atención debía recaer sobre los políticos que le seguían, entre quienes el propio Kennedy ocupaba una posición destacada. Era preciso, por tanto, no distanciarse de los centros de poder, mantener una prudente cercanía, no excesivamente comprometida con nadie, como lo había hecho en su labor senatorial.

Siguiendo esa línea estratégica, se presentó a las elecciones de 1958 para la renovación del senado, pero su idea no era la simple victoria, la mera permanencia, sino un margen tal que diese que hablar a los círculos más importantes de la economía y la política, de manera que su nombre se comenzara a mencionar en esos niveles de decisión. Por eso manejó su campaña senatorial como si fuese por primera vez o el resultado fuera incierto, pues debía alcanzar un apabullante triunfo, esta vez poniendo en juego la que sería una de sus principales cartas: Jaqueline Bouvier. Los Kennedy, meticulosos y astutos, habían previsto cuáles eran aquellos círculos y ocasiones, midiendo con precisión la presencia y el tipo de participación de Jaqueline, con lo que pretendían alcanzar el margen deseado.

Finalmente, el objetivo fue logrado con creces, pues John Kennedy obtuvo el margen de triunfo más alto en toda la historia del estado de Massachusetts: 875,000 votos; lo que era un aval sobrado para continuar en el senado, pero más que eso, era una señal pública que fue manejada con habilidad por la familia, con miras a la futura campaña presidencial de 1960.

Sus colaboradores comenzaron a celebrar encuentros informales con las figuras más destacadas del partido, para evaluar su disposición ante la posibilidad de la nominación. En esos sondeos, el veterano Adlai Stevenson observó una conducta enigmática: evitó pronunciarse en cualquier sentido. Obviamente, una posición de ataque o de abstención por parte de Stevenson hubiera condicionado en gran manera la estrategia de los restantes líderes demócratas. Pero él los mantuvo a todos en la incertidumbre. Es probable que durante aquel largo compás de espera Adlai Stevenson se encontrara vacilante; tal vez su reserva no era calculada, sino fruto de su propia perplejidad, pues a pesar de todos los honores, su historial de perdedor le pesaba demasiado.

A pesar de esa indefinición, el 2 de enero de 1960, John Kennedy anunció oficialmente su decisión de optar a la candidatura por la presidencia de los Estados Unidos.

Kennedy no se libró del "efecto Stevenson"; intentó atraerlo a su ámbito, pero no consiguió más que promesas de neutralidad. Al iniciar su campaña, acudió a visitarlo a su residencia de Libertyville, sosteniendo con él una larga conversación en la que Stevenson le reiteró su posición, asegurándole que tampoco apoyaría otro candidato ni alentaría a los grupos que pretendían postularlo a él. En todo caso parecía decidido a mantener su pasividad: si salía finalmente lanzado a la palestra electoral, sería por iniciativa ajena y no propia. Aquello no resolvía nada para Kennedy ni para los demás, que debían mantener su atención política fija tanto en los movimientos de los antagonistas ya alineados como en la eventual y posiblemente devastadora irrupción de Adlai Stevenson.

La primera contienda electoral tuvo por escenario el estado de Wiscousin, y ahí se encontraron dos de los líderes que parecían tener más posibilidades para la nominación: Kennedy y Humphrey; este último había puesto en juego toda clase de recursos, intentando llevar a su contrincante a los terrenos que éste había pretendido evitar, por ejemplo a la religión. Para bajar la popularidad de Kennedy entre los grupos anglosajones protestantes, se habían publicado fotografías de Kennedy rodeado de grupos de monjas, lo que tenía la connotación histórica de la pugna entre el Vaticano e Inglaterra, obviamente ya rebasada por el tiempo, pero todavía presente en la fantasía de los grupos más tradicionalistas. Sin embargo, es posible que aquella asociación entre la imagen de Kennedy y el catolicismo hubiera aumentado su presencia entre los grupos marginados, principalmente entre los "hispanos", cuya fuerza no era nada despreciable.

A pesar de aquellos "golpes bajos", Kennedy venció a Humphrey en Wiscousin; pero éste no se rindió; por el contrario, redobló sus esfuerzos y atacó por el lado que más dolía: el origen de la fortuna de los Kennedy, con lo que se sugería una vinculación con la mafia, además de la corrupción en su campaña: *No permitamos que las elecciones se compren –clamaba–. ¡Nada de recorrer el país con un talonario de cheques! Esto es política y nada más que eso. No podemos permitir que la alta política de nuestra nación se convierta en el coto de caza de un potentado. Robert Kennedy ha declarado que está dispuesto a gastar medio millón de dólares para hacer triunfar a su hermano. ¡No podemos permitirlo! Nadie ha dado a la familia Kennedy el privilegio de decidir, gracias a su fortuna, quién debe ser el candidato del partido demócrata.*

Como estos ataques contenían un trasfondo de verdad, impresionaban a la gente sencilla, daban en el blanco del elector medio. Ante esta situación, Kennedy prefirió contraatacar por el lado religioso; es decir, soslayar el argumento fuerte del contrincante y destacar lo absurdo y reaccionario de su postura ideológica que, por supuesto, no tocaba a la religión en sí misma, sino que solamente alentaba un prejuicio de baja índole, por lo que sería cómodo desarticular sus argumentos:

¡No estamos ya en tiempos de prejuicios religiosos! ¡El pueblo de los Estados Unidos no puede permanecer atado a las ideas de hace cincuenta o setenta años! Si quiere elegir bien no se fijará en cuál sea la religión de un candidato, sino en su programa. Yo, por mi parte, espero ser juzgado por lo que propongo a los electores, no por mis ideas religiosas, a las que, por lo demás, tengo pleno derecho.

Con esta hábil jugada, Kennedy triunfó también en el estado de Virginia. Entonces, Hubert Humphrey prefirió retirar su candidatura y dejó libre el camino al senador. Pero cuando las perspectivas comenzaban a ser halagadoras, intervino el ex presidente Truman, con una posición ofensiva y el firme deseo de cerrarle el paso. Truman gozaba de prestigio en amplios sectores del partido demócrata, y sus ataques se centraron en la inexperiencia de Kennedy, lo que fue ciertamente un error, pues dio pie para que el candidato pudiera autoalabarse sin el freno del pudor político:

Puedo presentar una experiencia de catorce años en puestos de importancia política. Si éstos no constituyen una experiencia satisfactoria, habría que barrer de nuestra consideración a una serie de presidentes de los Estados Unidos, que no llegaron al puesto con una preparación semejante. Entre ellos algunos presidentes del siglo XX, incluyendo a Roosvelt y Truman... En cuanto a la edad, si se considera prudente excluir de los cargos de responsabilidad nacional a los menores de 44 años, con este criterio se hubiera privado a Jefferson de escribir la Declaración de Independencia, a Washington de acaudillar el ejército que la consolidó... e incluso a Colón de descubrir América.

Con argumentos de este tipo pudo neutralizar fácilmente los ataques de Truman. Por su parte, Adlai Stevenson no abandonaba su ambigüedad, lo que llegaba a molestar a sus allegados, quienes no se sentían dispuestos a esperar indefinidamente..., mientras se esfumaban las posibilidades de una apertura liberal demócrata. Ellos habían sido fieles a Stevenson en las dos elecciones anteriores, pero ante su indecisión creyeron que debían actuar en defensa de sus ideales, por encima del personalismo. Dudoso Stevenson y retirado Humphrey, el único representante combativo de los demócratas era Kennedy.

Hacia la presidencia

Fue así como empezó el arduo camino hacia la presidencia, compitiendo contra los republicanos bien asentados en el poder y teniendo como contendiente al vicepresidente Richard Nixon, con quien parecía estar en desventaja política, pero no en lo que se refiere a la imagen social, en lo que Kennedy podría ganar un margen extraordinario, no sólo por su encanto personal, que indudablemente era muy grande, sino por el de su esposa Jackie, la que sería una de las cartas fuertes del candidato.

Tal vez el error principal de los republicanos fue el aceptar varias presentaciones televisivas en las que los candidatos expresaron sus respectivos programas y entraron en diálogo. Los espectadores norteamericanos vieron en John Kennedy un verdadero "triunfador": joven, guapo e inteligente, lo que determinó el aumento sorpresivo de su margen de popularidad, de una manera tan súbita e impresionante que sus asesores utilizaron como metáfora la del fuego que se extiende a través de los matorrales y los árboles en un terreno completamente reseco. Durante algunas semanas, el avance de Kennedy resultaba arrollador y ya nadie dudaba de su triunfo, pues, aparentemente, había logrado influir en los indecisos, que, desde luego, eran la mayoría.

Esta situación indujo a intervenir al presidente Eisenhower, quien hasta ese momento había evitado entrar en el juego político para apoyar a su vicepresidente; pero ante el cariz adquirido por la campaña, probablemente los altos dirigentes del partido republicano debieron presionar al presidente para que hiciese uso de su enorme prestigio, definiéndose sin lugar a dudas por Richard Nixon.

Pero la intervención de Eisenhower fue tardía. Cabe preguntarse qué hubiera sucedido si se hubiese producido antes de que Nixon se viera en desventaja. Sin embargo la actuación del presidente detuvo el ascenso vertiginoso de Kennedy y por lo menos se produjo un estancamiento que, sin embargo, permitía deducir el futuro triunfo de Kennedy.

La campaña llegaba a su término, y se produjo un extraño fenómeno: con la misma rapidez que había prendido el entusiasmo pro Kennedy, éste se apagó; habiéndose estabilizado la curva de los sondeos, de pronto comenzó a descender; al cabo de pocos días, aquel descenso llegó a ser preocupante para los demócratas, quienes contaban los días hasta la elección, previendo el desastre. Las razones de este súbito cambio, en la opinión pública. Arthur Schlesinger, citando a Norman Mailer, se plantea si la nación era lo *bastante valiente para enrolarse en aquel sueño romántico de sí misma... para votar a favor de la imagen del espejo del subconsciente.* Esto sólo tiene sentido si consideramos que las propuestas de John Kennedy habían llamado profundamente a la intimidad aventurera de los norteamericanos, ofreciéndoles una emocionante opción de transformación social, de índole auténticamente democrática, pero con todos los riesgos que conlleva. La respuesta sería animosa y valiente, por lo menos durante las semanas que había durado el efecto de las presentaciones televisivas. Pero una vez pasado el entusiasmo propiciado por el joven senador y su bella esposa, aquellas imágenes se volvieron borrosas, para dar lugar a una supuesta sensatez, producida por el miedo al cambio. La masa norteamericana es voluble y por esencia pusilánime y conservadora, así que volvió a inclinarse hacia el conocido y tedioso Nixon, quien no ofrecía nada original, y en este sentido era perfectamente tranquilizador.

Esta es solamente una posible explicación, lo único irrebatible es el hecho: descendía Kennedy y se recobraba Nixon. Finalmente, las elecciones se resolvieron con un margen muy estrecho, lo que, por otro lado fue positivo para los norteamericanos, pues un triunfo arrollador hubiera diluido la escasa humildad de la familia Kennedy y de su equipo, con lo que sus actitudes en poder hubieran sido menos prudentes. A ellos les convenía el obtener un punto de conciencia de su riesgo, para humanizar su impenitente ánimo de triunfadores, enseñándoles que no hay victoria segura hasta el último momento.

Aquellos últimos días fueron de una gran tensión para los Kennedy. John se mostraba muy sensible a las cifras y a los sondeos y a veces parecía salirse de sus cabales. A ello contribuía en gran medida la fatiga de la intensa campaña.

El último acto electoral de Kennedy se celebró en Boston, con lo que el candidato cerraba su campaña en su propia tierra. Aquel fue un mitin estrictamente triunfalista, con la flor y nata de los entusiastas de Massachusetts. Al lado de John, Jackie aparecía radiante, dedicando su mejor sonrisa a la prensa, además de que se encontraba en el octavo mes de embarazo, lo que era un punto a favor del candidato, futuro padre. Pero los Kennedy no se dejaron deslumbrar por aquella puesta en escena que ellos mismos habían montado. La suerte estaba echada y la situación parecía azarosa, no había más que esperar.

–*Hemos hecho todo lo que se podía hacer* –declaró Kennedy en el momento de depositar su voto.

Todo el clan se reunió en Hyannis Port a la espera de las primeras impresiones al término de la jornada electoral. En aquella ocasión, los norteamericanos votaron copiosamente, lo que muestra el índice de interés que en aquellos momentos experimentaban hacia el futuro de su país, amenazado por la guerra y la incertidumbre económica.

El equipo reaccionaba con una intensidad a veces desordenada en respuesta a la información que se iba recibiendo. La mayor parte de sus miembros mostraban una gran seguridad en el triunfo, pese a las incidencias de los últimos tiempos de la campaña, por lo que vivenciaron muy penosamente los sucesivos tirones de la candidatura de Nixon a medida que se daban a conocer los resultados preliminares, que oscilaban constantemente, de manera que prácticamente durante todo el tiempo el resultado se mantenía incierto.

Sólo a altas horas de la madrugada la votación pareció orientarse con cierta insistencia en favor de Kennedy, y entonces ocurrió un hecho que causó en todos una sensación de triunfo, pues los propios agentes de seguridad de los Kennedy en Hayannis Port observaron que comenzaron a llegar contingentes del servicio secreto, cuyos miembros se distribuyeron para montar vigilancia en las cercanías de las residencias de los Kennedy, particularmente en la de John; aquello era sintomático, porque alguien en las esferas decisorias interpretaba ya que éste podía ser el presidente electo y se comenzaban a tomar las medidas de protección. En esos momentos John, ya vencido por el cansancio, se fue a dormir, pero la elección no estaba todavía decidida. Cuando reapareció John Kennedy, tras un breve sueño, ya nadie dudaba de que él era el nuevo presidente de los Estados Unidos.

Pero faltaban todavía ciertos formalismos que lo confirmasen, por lo que John se negó a considerarse triunfador hasta que eso no se produjera: particularmente, la llamada telefónica protocolaria del candidato vencido para felicitar al presidente electo, que era una tradición que simboliza el cierre de las rivalidades, y por tanto de las hostilidades entre los candidatos.

Mientras tanto, en el exterior se aglomeraban los periodistas, pues en los medios informativos ya no se tenía duda alguna. Las fuerzas policiacas comenzaron a actuar para contener a la creciente multitud. Los teléfonos no dejaban de repiquetear, pero el mensaje de Nixon no llegó sino hasta el mediodía. También el presidente Eisenhower llamó para felicitar a Kennedy.

El siguiente acto protocolario debía ser el dirigir un mensaje al país. Su equipo organizaba rápidamente una caravana de autos para trasladarse al cuartel de Hyanis Port, preparado para la transmisión del mensaje. En medio del entusiasmo general, todos corrieron a ocupar sus puestos en los coches. Cuando John Kennedy apareció en la puerta, sus partidarios congregados enfrente lo saludaron con su primera gran ovación como presidente; algunos lograron llegar hasta él para estrecharle la mano. Rápidamente se vio envuelto en el torbellino del triunfo; entonces, como un gesto altamente significativo, tomó del brazo a su padre y lo colocó junto a él, para recibir juntos los aplausos.

Los setenta y dos días que debían transcurrir desde la elección a la toma de posesión fueron trascendentales. Además de la afinación de todo su programa de gobierno, ya como un hecho y no como una propuesta de campaña, Kennedy tenía que conformar su equipo administrativo, colocando a setenta y cinco personas de su entera confianza en puestos clave, además de otros mil doscientos cargos que también eran de designación presidencial, cuidando satisfacer las expectativas de representatividad de los sectores políticos y financieros que habían apoyado su campaña o que representaban fuerzas significativas en el país.

El apretado margen de su victoria, más que un alarde de caballerosidad, dictó a Kennedy un gesto insólito: visitó a Nixon en su retiro de Key Biscayne. Nunca se había visto que un presidente electo tuviese una atención de este tipo con su rival vencido, pero Kennedy tenía que evitar al máximo la hostilidad de los republicanos en su administración y lograr por lo menos una posición neutral o de tregua. También visitó al presidente Eisenhower quien vivía sus últimas semanas como huésped de la Casa Blanca; aquello era particularmente delicado, pues el presidente había sido muy duro con él; sin embargo, parece que llegaron a ciertos acuerdos que favorecieron el cambio de poderes, sin alterar sustancialmente un orden establecido en el largo período de los republicanos en el poder; para tal efecto, Eisenhower y Kennedy nombraron representantes que se ocuparían de todos los detalles del cambio de administración. Por parte de Kennedy actuó Clifford, y por Eisenhower el general Milton B. Parsons. Ambos delegados se vieron diariamente hasta la toma de posesión de Kennedy.

Mientras tanto, Jaqueline daba a luz un niño, John, el 25 de noviembre.

Finalmente llegó el día de la toma de posesión. Era un día helado, pero luminoso en Washington, lo que animó a la gente a salir a la calle para mirar el paso de la comitiva y al joven presidente en lo que sería el primer día de su mandato. En las tribunas de los invitados se podía observar un cambio significativo en la tradición, pues junto a los políticos, los militares y los miembros del *stablishment,* se encontraban muchos intelectuales, artistas y profesores, lo que creaba la imagen de una apertura a la participación política por parte de la inteligencia americana. Por otro lado, se había promovido también la participación de la juventud, que hasta ese momento había sido menospreciada por la admi-

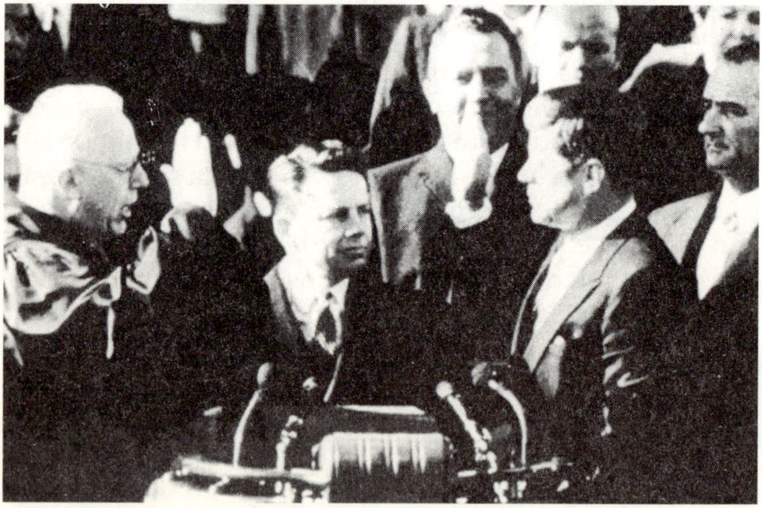

El día de la toma de posesión de J. F. Kennedy.

nistración republicana. La figura de Eisenhower era indiferente a los jóvenes, quienes no habían vivido la Segunda Guerra Mundial, pero sí tenían la expectativa de la guerra de Vietnam, que atañía directamente a ellos. El cambio político les decía que "algo podía suceder" y muchos acudieron a la toma de posesión espontáneamente. La ceremonia de juramento carece de otro interés que el estrictamente simbólico, Kennedy, sin abrigo a pesar de la inclemencia del tiempo, juró conforme al rito establecido. El público esperaba el capítulo verdaderamente sustancioso de aquella jornada: el discurso del presidente entrante.

Aquel discurso había sido preparado con meticulosidad, en acuerdo con su principal asesor, Sorensen.

Hoy celebramos no una victoria de partido, sino una fiesta de la libertad, símbolo de una etapa que finaliza y de otra que comienza, de renovación y también de cambio. Permitamos que desde este momento y este lugar parta la noticia, indistintamente para amigos y enemigos, de que la antorcha ha pasado a una nueva generación de norteamericanos...

Su apariencia corroboraba sus palabras, pues la presencia juvenil de Kennedy contrastaba con la figura de Eisenhower, quien ya tenía el aspecto de un anciano, vapuleado por el viento y encogido por el frío.

Permitámonos comenzar de nuevo, recordando a ambas partes que la civilidad no es un signo de debilidad y que la sinceridad está a cada momento sometida a prueba. Permitámonos negociar sin temor.

Kennedy había procurado nivelar en su discurso la proclamación de un horizonte discursivo y optimista, que contrastase con la hosca ofensiva de los Estados Unidos, tanto en la Guerra Fría como en Vietnam; pero en todo caso, se abstuvo de tomar la responsabilidad de un cambio de actitud, sino sólo de proponer un cambio en la manera de entender la política.

–Amigos norteamericanos, no nos preguntemos qué hará el país por nosotros, preguntémonos qué podemos hácer nosotros

por el país... Compañeros ciudadanos del mundo, no se pregunten por lo que los Estados Unidos podrían hacer por ustedes, sino lo que todos juntos podemos hacer por la libertad del hombre.

Se trató de un discurso esencialmente filosófico, pero sin duda fue una magnífica presentación ante los norteamericanos, y sobre todo ante los jóvenes, quienes ya estaban viviendo la carencia de ideales que llevaría a la crisis de los sesentas.

Un discurso filosófico, la mejor presentación ante el pueblo norteamericano.

En la Casa Blanca

En 1960, John F. Kennedy accedió a la presidencia por escaso margen. Muchos norteamericanos no habían confiado en él a la hora de la elección. Durante su mandato presidencial su aceptación popular fue ascendiendo; pero en los primeros meses la situación fue difícil para él y su equipo. Se le consideraba inseguro y demasiado condescendiente en su trato con la URSS, pues, aparentemente, él había buscado una cierta política de conciliación con Nikita Kruschev en la conferencia que tuvieron en Viena al comenzar su mandato.

Ya instalado en la presidencia, Jack Kennedy se rodeó de la gente más leal que pudo encontrar; pero esos colaboradores sabían que además de sus cualidades y lealtad, sus puestos dependían de la capacidad que ellos tuvieran de consecuentar y divertir al señor presidente. Una de las figuras más reconocidas de aquella corte de bufones era David Powers, a quien Pierre Salinger describe como "el más sociable y popular miembro del equipo."

Powers era un veterano desempleado que acababa de regresar del Oriente cuando un día tocó a su puerta un joven político que estaba compitiendo para convertirse en senador por Massachusets, era John F. Kennedy y venía expresamente a pedirle que lo ayudara en su campaña; a partir de entonces, y hasta el día de su muerte, Powers estuvo al lado de Jack. Aunque era bastante mayor y solamente era experto en beisbol, por alguna razón JFK estaba a gusto en su compañía y lo apreciaba mucho. *Probablemente porque Dave tenía más éxito que cualquiera de nosotros para levantar el ánimo del presidente cuando se* encontraba *bajo*, dijo un miembro del equipo.

Salinger observa que: *dondequiera que estaba el presidente, se podía asegurar que Dave Powers andaba por ahí; aunque la diferencia entre ellos era radical. Powers venía de una familia pobre y tenía una educación limitada; pero era un tipo que tenía un gran encanto y simpatía, el presidente disfrutaba mucho de su presencia.*

Dave era el primero de los miembros del equipo a quien veía el presidente en la mañana y el último en la noche; iba con él dondequiera que viajara, asegurándose que al llegar a la habitación de su hotel, el presidente tuviera siempre una camisa limpia y una bebida fría.

Hay autores que sugieren que la influencia de Powers sobre el presidente era su habilidad para poner en la habitación del hotel no solamente una camisa limpia y una bebida, sino una bella chica.

Según Larry Newman, uno de los agentes del servicio secreto asignados a la escolta de guardia del presidente, los agentes no respetaban a Powers porque él procuraba evitar la inspección que ellos tenían que realizar de las muchachas que él introducía en las habitaciones del presidente. Un caso de esta índole ocurrió una noche en Seattle, cuando un dirigente local del partido demócrata apareció en el elevador acompañado por dos prostitutas y proclamando a viva voz que eran un regalo para el señor presidente; los agentes las detuvieron, pero David Powers vino a liberarlas y agradeció al hombre el haberlas traído; antes de retirarse, él advirtió a las damas.

– Si una de ustedes dice una sola palabra acerca de esto, yo me encargaré de enviarlas a "Stillcoom" (un asilo de enfermos mentales) *y ahí se quedarán para siempre.*

Por lo visto, algunas otras mujeres eran advertidas de manera similar cuando eran llamadas para servir al señor presidente. Newman dice: *Los agentes sentían lástima por la manera como eran tratadas esas mujeres; aquello no era simple-*

mente un affaire o una aventura; era una forma de uso práctico de las mujeres, una función mecánica."

Siguiendo con estos asuntos, Newman señala que David Powers "aconsejaba" a las mujeres no decir nada de lo que había pasado, pues las consecuencias podían ser muy graves. Dice también que aunque los agentes comprendían que Powers seguía órdenes del presidente, causaba problemas de organización e incluso morales entre los miembros del servicio secreto. Newman recuerda que cuando fue asignado a un grupo de elite, le molestaba mucho estar parado a un lado del elevador o de la puerta de la habitación sin hacer nada, solamente pensando que el presidente de los Estados Unidos estaba adentro jugando con dos prostitutas. *Tus amigos y vecinos creen que tú te juegas la vida para proteger al presidente, cuando en realidad lo que estás cuidando es que no se le moleste mientras él está en la ducha divirtiéndose con dos golfas de la calle.*

Powers también estaba encargado de las muy conocidas "prácticas de natación" que hacía el presidente algunas noches, acompañado de las damas que le conseguía Powers; a veces Bobby y Teddy se incorporaban a estos juegos.

Por su parte, Jaqueline se mantenía más o menos al margen de los devaneos de su marido y de la política, ocupada en el cuidado de su imagen como "primera dama", y en la reestructuración de la Casa Blanca, que, según sus propias palabras, le había parecido "horrible", cuando la había visitado, invitada por *Mamie* Eisenhower. Presentaba un amontonamiento de muebles y objetos que le parecieron sin orden ni gusto. No podía resignarse a vivir en medio de "aquello". En consecuencia, se dedicó a realizar un estudio histórico sobre la residencia presidencial que poco a poco le fue revelando su aspecto original. En consecuencia, se propuso aplicar aquellas ideas a la ordenación de la Casa. Jaqueline rechazó el concepto de "decoración" para lo que se proponía emprender, más bien la idea era la de ambientación museográfica, lo que resultaba muy del agrado de los norteamericanos, pues incluso la primera dama instituyó las "visitas guiadas" dentro de la Casa Blanca.

Por lo que se refiere a imagen personal, Jaqueline también sentía una pasión desenfrenada por la elegancia y la moda; durante el primer año de gobierno, ella gastó más de cuarenta mil dólares en su guardarropa. En principio, sus derroches vestimentarios pudieron ser considerados poco menos que de "interés nacional"; se montó una red de espionaje en el mundo de la moda que permitía a la primera dama no sólo estar al día, sino incluso anticiparse a los avances. Con el tiempo, esta obsesión de Jaqueline, junto con otros gastos personales, se convirtieron en un verdadero problema contable para la administración Kennedy, puesto que rebasaban con mucho lo justificable.

Vietnam

Uno de los aspectos más delicados de la administración Kennedy fue sin duda el asunto de la guerra de Vietnam, y en él la posición de John representó un giro que para la mayoría de la gente era positivo, aunque no así para los grandes industriales y los militares involucrados en el conflicto, para quienes éste era una fuente de poder y grandes beneficios económicos.

John había visitado el sudeste asiático en 1951, cuando aquella región era todavía un conglomerado bajo el régimen colonial francés. Los comentarios que hizo entonces no podían ser más significativos:

– En Indochina nos hemos aliado con los desesperados esfuerzos de un régimen francés por mantener los restos de un imperio. Tiene sentido detener el avance del comunismo hacia el sur, pero no hacerlo confiando solamente en la fuerza de las armas. La tarea consiste en crear un profundo sentimiento anticomunista entre los nativos de aquella zona y confiar en el mismo como elemento fundamental de defensa, más que en las legiones del general De Lattre. Hacer esto con independencia de las tendencias nacionalistas o desafiándolas está destinado al fracaso seguro. Sin el apoyo de la población nativa, no hay esperanza de éxito ninguno en los países del sudeste asiático.

Años más tarde, ante el Senado, se pronunció sobre el tema en estos términos:

– Creo francamente que la ayuda militar norteamericana en Indochina, por importante que sea, no puede vencer a un "enemigo del pueblo" que cuenta con la simpatía y el apoyo encubierto de ese mismo pueblo. Para los Estados Unidos, intervenir mili-

tarmente y enviar tropas al terreno más difícil del mundo, cuando los chinos podrían enviar a su vez un contingente ilimitado, supondría enfrentarse con una situación mucho más comprometida que la de Corea.

Ya en la presidencia, el desarrollo de la guerra de Vietnam era un hecho heredado de la administración anterior. Por lo que se refiere a Laos, existía la posibilidad de un acuerdo con los soviéticos, siempre que ambos estuviesen dispuestos a dar marcha atrás. En este caso, el presidente supo mantener una actitud equilibrada frente a Nikita Kruschev, y con ello pudo evitar un enfrentamiento en ese otro terreno, lo que hubiera sido nefasto para la imagen pacifista que intentaba fijar en el ánimo de la gente; aunque tendría que dar gusto también a los sectores más radicales, por lo que la actitud suya respecto del problema cubano tendería a radicalizarse.

De esa manera se había quitado, por lo menos, el problema de Laos; pero la guerra de Vietnam seguía siendo la gran piedra en el zapato de su administración. Los Estados Unidos dispusieron de múltiples ocasiones para replegarse discretamente, abandonando la absurda empresa de Vietnam. Pero los intereses de la industria del armamento había creado vínculos políticos poderosos y los militares representaban también un elemento de presión de gran escala. Por lo que se refiere a la opinión pública, en general era favorable al cese de la guerra, pero la manipulación ideológica también se hacía sentir entre la gente, influenciada por los temores que generaba la "guerra fría". Lo cierto es que las posturas nacionalistas y comunistas que se enfrentaban en Vietnam, se iban resolviendo en una sórdida guerra de guerrillas, en la que la tecnología norteamericana ya no representaba un factor decisivo.

En 1961, el vicepresidente Lyndon Johnson pasó por Vietnam en el transcurso de una gira por varios países de oriente: su misión consistía en organizar a sus dirigentes respectivos, que los Estados Unidos continuaban en la disposición de ayudarlos, cosa que ahora dudaban a partir de las actitudes del presidente y en especial desde sus negociaciones con respecto a Laos. La postura de Lyndon Johnson era moderadamente optimista, aunque contrastaba con la de Kennedy, en tanto que él declararía que los Estados Unidos seguían teniendo probabilidades de triunfo militar en el sudeste asiático, por lo que no sería prudente una política de repliegue, sino el aumento de la eficacia en la acción, aunque no recomendó que se aumentara el envío de tropas; más bien se trataba, según él, de asesorar al gobierno del sur, proporcionándole los medios para que ellos promovieran su defensa, con un menor costo en vidas por parte de los Estados Unidos. Por su parte, el dictador de Vietnam del Sur, Ngo Dinh Diem, mantenía un criterio totalmente diferente, pues las actuales prédicas democráticas de los "asesores" norteamericanos le parecían muestras de debilidad, cuando lo que él necesitaba era algo parecido a la estrategia de represión total de los primeros tiempos de la guerra.

Kennedy había recibido ya informes acerca de la conveniencia del cambio de tácticas, y del desencanto de los líderes que se consideraban aliados; pero se veía entre la espada y la pared, pues tenía que afrontar por un lado el creciente descontento popular y por otro las presiones de los militares, entusiasmados por las posibilidades de acción que se les presentaba en el juego de la "guerra fría". En octubre de 1961, presionado por las circunstancias, envió a Vietnam una misión especial investigadora, presidida por el general Maxwell Taylor, y Walt Rostow; es decir, un militar de alta jerarquía y un distinguido miembro de su gabinete. Los enviados del presidente le presentaron un informe con una serie de diagnósticos, en los que se destacaba su desconfianza hacia el régimen de Diem y la necesidad de una serie de reformas políticas en el país, lo que sería acorde con la imagen democrática del régimen de Kennedy. Pero lo esencial de ese texto eran una serie de proposiciones que daban prioridad a la intervención militar. Taylor y Rostow se presentaban como teóricamente adversos a una decidida entrada en guerra por parte de los Estados Unidos, no obstante, sugerían una "participación limitada", que supuestamente sería meramente garante de la implantación de las medidas democráticas en Vietnam, pero que necesariamente implicaban un compromiso militar más directo, pues se había comprobado que el mero asesoramiento efectuado hasta entonces no bastaba para resolver el problema. Se referían a la asunción, por parte del ejército norteamericano de ciertos "cometidos especiales", como el reconocimiento o transporte aéreos, además del envío a Vietnam de un cuerpo norteamericano de unos diez mil hombres, que se instalarían ahí solamente para cuidar la seguridad.

Y así comenzó la gran escalada norteamericana en la guerra de Vietnam, como una flagrante negación de los principios pacifistas que había predicado Kennedy. El pueblo esperaba que el presidente hubiera resistido con más firmeza las presiones favorables a la intervención; sin embargo, la postura supuestamente humanista y democrática de la "fuerza de vigilancia", aunado a la paranoia que el propio gobierno propició, en el sentido de que el avance comunista representaba un gran peligro para los Estados Unidos, pues la ruptura del equilibrio bélico podría hacer que la guerra fría de volviese caliente, y con las armas nucleares "muy caliente". Por todos los medios de comunicación se difundieron mensajes alarmistas y se creó un ambiente favorable a la intervención en el Vietnam, a pesar de que una de las principales promesas de campaña de Kennedy había sido precisamente la de evitar a toda costa el riesgo de la vida de ciudadanos americanos en guerras foráneas.

El desvío de Kennedy hacia el belicismo se fue haciendo cada vez más patente y resultó estimulado por los aparentes éxitos de las campañas norteamericanas en el terreno; las acciones del Vietcong se redujeron y el gobierno del Sur proclamaba el buen desarrollo de un plan para la seguridad de las poblaciones rurales.

En 1962, el propio presidente declaraba: *En Vietnam del Sur hemos embotado la lanza de la agresión.* Pero aquello sería desmentido por la historia inmediata, pero Kennedy ya no tuvo oportunidad de ver que el legado de su política intervencionista llegaría a ser un problema mucho más grave y embrollado para sus sucesores de lo que él lo tomó.

El amor hacia los niños

John Kennedy nunca se ocupó demasiado de su esposa, ni del problema financiero que ella representaba para su equipo en la Casa Blanca; es probable que no le otorgara más que su propia dimensión instrumental. En cambio, hay testimonios del intenso placer que experimentaba al jugar con los niños; tenía una singular capacidad para ponerse a su nivel, entrar en sus fantasías, contarles cuentos... Aunque la actitud de Jack hacia las mujeres pareciera, en una primera apreciación, la exacta réplica de la conducta de su padre, en realidad esto no es exacto. La base de la personalidad de Joe era esencialmente psicopática; él usaba a la gente, incluyendo a sus hijos, tal vez debiéramos decir que especialmente a sus hijos. Pero la base del desarrollo psicológico de Jack era el narcisismo, con una influencia obvia de la psicopatía del padre, manifiesta principalmente como la imagen del ganador, del guapo, del "número uno."

Aparentemente, Jack no manifestaba esa conducta directa, elemental, desprovista de elementos morales. En lo que se presenta el mayor contraste entre padre e hijo es en sus relaciones con los niños. Ya hemos visto cómo Joseph Kennedy programaba con gran cuidado el entrenamiento de los niños, con objeto de que su progenie fuera una extensión de sí mismo. Recordemos su actitud ante la muerte de Joe Jr. y el hecho de no haber asistido siquiera al funeral de su padre.

Pero el amor de Jack por sus hijos no parece tener la misma fuente; ellos no eran el medio para magnificar su personalidad, sino que él atendía a las cualidades intrínse-

J.F.K., tenía la singular capacidad de ponerse al nivel de sus niños; lograr entrar en sus fantasías.

cas de los niños. De alguna manera las experiencias de su infancia lo habilitaron para desarrollar una gran empatía con los niños. Él había sido enfermizo, distante de sus padres y dominado por el hermano mayor; pero era capaz de proponer las bases de una relación que no repitiera estos esquemas; tal vez porque habiendo vivido esos problemas, reconocía sus orígenes y sus síntomas, de manera que podía evitarlos con sus hijos. Posiblemente, él repudiaba la frialdad de su madre y la tiranía del padre y se decidió a tratar a sus hijos de manera distinta. Cualquiera que fuera la razón, Jack sentía un genuino amor por sus hijos.

Patrick nació prematuro y tuvo que ser hospitalizado; su condición era grave y el bebé tuvo que luchar por su vida junto con los médicos en el hospital infantil de Boston; el presidente viajaba constantemente entre Hyannis y Boston para visitar al niño. El agente Larry Newman recuerda una visita en particular, cuando él y el presidente estaban en el elevador con el médico de Patrick; todo el quinto piso había sido desalojado por motivos de seguridad y estaba oscuro: *pasamos por un cuarto donde estaban dos niñas sentadas sobre una cama; una de ellas, de unos tres o cuatro años de edad, tenía quemaduras por todo el cuerpo y estaba casi totalmente vendada, la otra tenía quemaduras solamente en los brazos. Kennedy se detuvo y preguntó al médico qué pasaba con ellas y él le explicó el caso, señalándole que una de las niñas probablemente perdería el uso de sus manos; el presidente pidió papel y pluma y ahí mismo, en la oscuridad, escribió una nota para cada una de ellas, exhortándolas a superar aquella situación; ahí no había fotógrafos, eso no le daba imagen al presidente; aquello fue un acto puro de amor hacia los niños.*

Algunos días después, a pesar de los esfuerzos de los médicos, la condición de Patrick empeoró; en un desesperado esfuerzo por salvar su vida fue conectado a un respirador artificial; pero todo fue inútil y el niño falleció; cuando Jack recibió la noticia ocurrió lo que narra Pierre Salinger:

Sin decir nada se alejó de nosotros y se dirigió a otro cuarto en el hospital, donde estuvo llorando durante diez minutos; después regresó con nosotros. Bob rodeó con sus brazos los hombros de su hermano durante un rato. Después volamos en helicóptero hasta Cape Code, donde encontramos a la señora Kennedy para que el presidente pudiera darle personalmente la noticia.

Jack Kennedy gozaba con la presencia de los niños en general y no solamente de los propios; así lo consideraban sus colaboradores más cercanos. Marcus Raskin, uno de los asesores de Kennedy que trabajaba en asuntos de desarme nuclear, recuerda que en los momentos más graves de la crisis de los misiles, él y sus colegas se preguntaban ¿dónde están los niños? *...si Caroline y su hermano John estaban en Washington, era seguro que no habría guerra; pero si los hijos del presidente no estaban, podíamos empezar a preocuparnos.*

La gran diferencia en la actitud de Jack, respecto de la de su padre, se pone en evidencia en la actitud de uno y otro con Rosemary, quien sufría de retraso mental y a quien su padre, Joe Kennedy, ordenó que se le practicara una lobotomía; en cambio, su hermano Jack *...la llevaba a los bailes en el club, bailaba con ella y pedía a sus amigos que hicieran lo mismo, de manera que ella se sentía popular entre los chicos; a la medianoche la traía a casa y él regresaba al baile.*

Esta era la clase de detalles que hacían que la personalidad de Jack Kennedy fuese tan atractiva; él tenía virtudes que oponer a su original narcisismo y que se elevan incluso sobre su promiscuidad.

En muchos sentidos, Jack Kennedy fue genuinamente encantador; él tenía la gentileza de la que carecía su padre. Jack no tenía el grado de ambición de Joe, su crueldad y voluntad de dominio, él era menos egocéntrico y más amable; su personalidad no era esa copia al carbón de su padre que desarrolló su hermano Bobby. Sin embargo, tanto él como su padre y su hermano carecían de un proyecto filosófico o moral como una guía para la política; en este campo, como en la vida, lo que importaba era ganar, ganar siempre y nada más.

Entonces, para Jack, el objetivo fundamental de la política era ganar las elecciones, y con ello ganar además el reconocimiento del padre.

A pesar de la diferencia con su padre respecto de los niños, Jack conservó y aún acrecentó los rasgos de su padre en relación con las mujeres, desarrollando un estilo promiscuo; en ese sentido no tenía freno moral.

Alianza para el progreso

La lucha contra en comunismo que se insertaba en la Guerra Fría, tenía muchos frentes, y uno de ellos, descuidado por administraciones anteriores, era la relación con los países de América Latina. No era necesario ser un lince de la política para descubrir que la actitud de los Estados Unidos había sido en esencia hostil hacia los pueblos del sur de la frontera; el gobierno de Kennedy pretendió revertir esa situación, cambiando la política de apoyo a los gobiernos represores por lo que sería un gran programa de "Alianza para el Progreso", lo que se planteaba como una estrategia positiva y a largo plazo para promover condiciones tales como:

- El apoyo a los regímenes democráticos y la oposición a las dictaduras.
- La aportación de fondos a largo plazo, para fomentar una economía de crecimiento.
- La estabilización de los precios de los principales productos de exportación.
- La ayuda a los diversos programas nacionales de reforma agraria.
- El estímulo a la inversión privada, con objeto de aumentar los puestos de trabajo y reactivar así la vida económica y laboral de cada país.
- Ampliación de los programas de ayuda técnica.
- Ampliación de los programas de intercambio cultural.
- La preparación de un acuerdo sobre control de armas en el hemisferio occidental.

- El robustecimiento de la Organización de los Estados Americanos;
- La selección de embajadores que tuviesen una formación y un interés personal por el desarrollo de los países de América Latina.

Finalmente, el 13 de marzo de 1962 pudo ser convocado en la Casa Blanca el cuerpo diplomático de los países de América Latina para plantearles el programa de la Alianza para el Progreso. Kennedy comenzó señalando las líneas comunes de la historia de los Estados Unidos y los demás países de América.

La misión que nuestros países tiene que cumplir todavía consiste en demostrar al mundo entero que la aspiración humana insatisfecha en materia de progreso económico y de justicia social puede ser mejor lograda por unos hombres libres que trabajen en el ámbito de las instituciones democráticas...

–He convocado a todos los pueblos de este hemisferio –declaró con solemnidad– *para que se unan en una "Alianza para el Progreso", en un amplio esfuerzo de colaboración, sin igual en magnitud y nobleza de miras, con el fin de satisfacer las necesidades básicas de la gente americana: techo, trabajo y tierra, salud y escuela.*

Pronunció las últimas palabras, un poco abruptamente, en español. Los diplomáticos latinoamericanos le aplaudieron ampliamente. No sólo por ser muy permeables a las bellas frases, sino porque percibían en la actitud de Kennedy un sincero cambio de rumbo, respecto de la política represiva de los regímenes norteamericanos desde mucho tiempo atrás.

–La voluntad debe ser firme –siguió diciendo–. *La libertad política debe ir acompañada del progreso material... ¡Progreso sí! ¡Tiranía no!*

Se repitieron los aplausos, aunque en la sala muchos diplomáticos eran representantes precisamente de esos tiranos que durante mucho tiempo habían gozado del apoyo de los gobiernos norteamericanos y que, seguramente, no veían en esta propuesta un serio peligro para ellos mismos y sus representados, sino un caso de simple retórica humanista muy al estilo de Kennedy.

La Alianza para el Progreso fue bien acogida por los grupos de poder en los Estados Unidos, pero también presionaban para que, simultáneamente, se solucionara el problema de Cuba, que para ellos significaba la punta de lanza del comunismo en América Latina y en especial de los soviéticos, cuya influencia había que frenar a toda costa.

Bahía de Cochinos

El problema de Cuba obedecía, por una parte, a los condicionamientos geográficos que hacían de aquella isla una antesala, pantalla, salida y puente de los Estados Unidos, involucrándose en su devenir político, y por otra parte, de la herencia del régimen de Eisenhower, que había emprendido una política nefasta en la isla, apoyando el régimen del dictador Fulgencio Batista, convirtiendo a Cuba en un proveedor de azúcar, un inmenso prostíbulo y un coto de impunidad para los mafiosos norteamericanos.

Aquellos sectores de poder corrupto en los Estados Unidos se inquietaron mucho, cuando Fidel Castro puso término a aquella etapa, tildando inmediatamente a Castro de comunista y enemigo de norteamérica, lo que, desde luego, en los primeros tiempos del régimen revolucionario era muy cuestionable. Si la administración de Eisenhower no se hubiera dejado llevar por esa visión limitada y escandalosa, y hubiera buscado fórmulas de entendimiento con los revolucionarios, seguramente ellos no hubieran tenido que solicitar el apoyo del bloque auténticamente comunista, ante la amenaza del poderoso vecino.

Kennedy heredó el problema y también la presión para solucionarlo, lo que, en aquellos tiempos, no parecía demasiado difícil y arriesgado, por lo menos para la CIA, que desde tiempo atrás estaba entrenando un contingente para efectuar una invasión armada a la isla de Cuba. El proyecto había sido generado al margen de la administración de Kennedy, aunque es de suponerse que él tenía conocimiento de ello desde antes de acceder a la presidencia. El plan se encontraba ya en realización, el cuerpo expedicionario se preparaba en ciertos lugares de Guatemala, compuesto principalmente por exiliados cubanos, miembros de la antigua oligarquía que buscaba su regreso a la tierra y al poder.

El gobierno de Kennedy trató de mantenerse al margen de aquel programa; pero tampoco se podía soslayar su responsabilidad al respecto, además de que aquella operación no se podía realizar sin la orden expresa del presidente, además de que el éxito de la invasión parecía asegurado con el apoyo americano. Así que la orden fue dada.

Pero la historia demostró que los partidarios de la intervención se engañaban. Suponían que el mero desembarco anticastrista habría de suscitar un levantamiento en toda la isla, dado el descontento de la gente respecto del gobierno totalitario de Fidel Castro. Pero la hipótesis de la oposición masiva era una fantasía de los exiliados, quienes eran los únicos descontentos cubanos.

Así que el planteamiento era en esencia falso, y sobre esa falsedad se manejó la invasión como un asunto propio de los cubanos, tratando de limitar la intervención de fuerzas norteamericanas al transporte de los cubanos y el apoyo durante el desembarco, lo que, por supuesto, se realizó exitosamente.

En este delicado asunto se percibió un Kennedy desdibujado y torpe, elusivo e irresponsable, que aparece durante la gestación y realización de este plan como un juguete manejado por la CIA o los grupos de poder que, aparentemente, podían más que él y su equipo. La invasión a Bahía de Cochinos fue un verdadero desastre, una fuerza de sólo 1,400 hombres fue desembarcada, en una zona de pésimas condiciones para ello, y el ejército de Fidel Casto no tuvo mayor problema para someter a los invasores. El esperado levantamiento no solamente no se produjo, sino que el pueblo cubano se solidarizó con su gobierno. Cuando en las Naciones Unidas se manifestaron las primeras voces de protesta por esta injerencia, el embajador ante ese organismo, Adlai Stevenson, se molestó mucho, pues él no había sido informado de aquella operación.

Las protestas se levantaron en todo el mundo, pues los Estados Unidos, y particularmente el presidente Kennedy, habían realizado precisamente lo contrario de los que había predicado respecto del nuevo trato con América Latina.

Pero, como suele suceder en los Estados Unidos, la posición de fuerza mostrada por el presidente, a favor del poder americano y en contra de los comunistas, aumentó la popularidad y la aceptación de Kennedy por parte de las masas; a lo que él comentó:

– *Veo que me está sucediendo lo mismo que a Eisenhower: cuando peor lo hago, más popular resulto.*

La integración racial

Los líderes negros no habían sido demasiado entusiastas en la candidatura de Kennedy, aunque tampoco propiamente opositores.

Se le reconocían ciertas simpatías hacia la causa de la igualdad de derechos, pero sentían que éstas no se habían manifestado con suficiente claridad; tal vez aquella indefinición había sido una estrategia de campaña, para no perder los votos blancos del sur. Sin embargo, él había incorporado el tema de los derechos civiles de los negros a su programa y en algunas ocasiones abordó el grave problema del racismo y la marginación:

Un niño negro, cualquiera que sea su talento natural, tiene, estadísticamente, la mitad de las probabilidades de terminar sus estudios secundarios con respecto a un niño blanco; un tercio de las posibilidades de finalizar los estudios universitarios; una cuarta parte de las oportunidades de llegar a ser un hombre de negocios; y cuatro veces más probabilidades de quedarse sin trabajo.

Existían ya algunas disposiciones favorables a la integración racial, pero las leyes se quedaban siempre en la letra, y en la realidad no eran observadas. El tribunal supremo había declarado ilegales las escuelas con segregación; pero en 1960 menos del 0.16 por ciento de los estudiantes de color asistían a las escuelas integradas. La realidad es que había una gran distancia entre el orden jurídico y la realidad social.

Durante los primeros meses de su presidencia, Kennedy siguió manifestándose reservado en este asunto, tal vez buscando el apoyo de los legisladores sureños para cimentar su gobierno, además de que los asuntos foráneos requerían una especial atención, por lo que la cuestión racial fue delegada en su hermano Bob, recién nombrado Secretario de Justicia.

Bob se apoyó en la Comisión de Derechos Civiles, misma que, paradójicamente, había sido creada para dar un marco legal y burocrático que atemperara el ardor de los líderes negros. Pero ese mismo organismo contenía el germen de la igualdad de oportunidades, por lo que fácilmente pudo ser utilizado como un instrumento de trabajo en el plano social. Al igual que su hermano, Robert Kennedy había contemplado la cuestión racial un poco a lo lejos, otorgándole una adhesión idealista, pero desvinculada de la realidad. Necesitó entrar de lleno en los problemas para comprender que el tema requería otro talante y una actitud firme y hasta cierto punto combativa. Desde luego, tanto el Secretario como el presidente procuraban actuar mesuradamente y sólo en algunos casos la dinámica de los hechos empujó al presidente a involucrarse personalmente; uno de estos fue el "caso Meredith"

James Meredith era un veterano negro de las fuerzas armadas que quiso matricularse en la universidad de Mississippi, lo que seguramente hizo con un ánimo de desafío, o fue una prueba que se le preparó al presidente, pues el mismo Meredith había solicitado esa matrícula inspirado por las ideas del presidente Kennedy, expresadas en su discurso de toma de posesión; la solicitud de matrícula se produjo el 20 de enero de 1961. Naturalmente, se le negó la matrícula; pero él, muy seguro y bien asesorado, formuló una denuncia ante los tribunales.

En una primera instancia, la demanda de Meredith fue rechazada, pero él apeló, y finalmente el tribunal de apelación hubo de darle la razón, revocando la sentencia anterior, por lo que se emitió la orden de que el alumno debía ser matriculado. Pero más allá de la legalidad, comenzaba la realidad, el tradicional y apasionado racismo de esas regiones. El movimiento social en contra del hecho no se dejó esperar, liderado por el propio gobernador del Estado, Ross Barnett, quien, entre otras cosas, declaró: *¡No nos rendiremos a las fuerzas perversas e ilegales de la tiranía!*

Y apareció en persona cuando James Meredith, acompañado por varios policías federales, se presentó en la universidad el 20 de septiembre. Una gran manifestación estudiantil lanzaba vivas al gobernador y a la segregación; entonces se negó de hecho el acceso al joven negro, y el asunto fue ampliamente registrado y difundido por la prensa.

Robert Kennedy hizo citar a las tres principales autoridades de la universidad de Mississippi, para responder sobre los cargos de desacato respecto a una sentencia judicial.

El gobernador se encolerizó, sobre todo cuando la corte de justicia emitió una orden en la que se prohibía directamente al gobernador Barnett o a cualquiera de sus subordinados que impidiesen el acto de matrícula de James Meredith. Pero él, en abierto desacato, se volvió a presentar, al frente de una muchedumbre blanca, e impidió que el joven negro entrara en la universidad para realizar el trámite de matrícula.

Los Kennedy reaccionaron enviando tropas federales en previsión de desórdenes, pero el gobernador se erigió en adalid de la insubordinación, por lo que hubo que declararlo reo de desacato a la ley y se le dio un plazo para rectificar su actitud, con amenaza de arresto y una multa de diez mil dólares a partir de la fecha señalada.

Conocedores de la ideología intransigente de aquellos personajes sureños, los Kennedy sabían que aquellas medidas no bastaban y que llegaría el momento de usar la fuerza. Después de muchos intentos de conciliación con el gobernador racista, el presidente dio la orden de federalizar la Guardia Nacional de Mississippi y enviar a dicho estado un grueso contingente del ejército. Robert Kennedy se comunicó con el gobernador Barnett, quien se encontraba ensoberbecido y convertido en un héroe local.

— El pueblo de Mississippi haría cualquier cosa en defensa de sus ideales —dijo Barnett—; *si es preciso, resistirá a los federales... Naturalmente, por este camino vamos al desastre. Por eso propongo otra alternativa: las fuerzas del Estado pueden rendirse al ejército. Esta es una solución honrosa.*

— Yo diría grandilocuente y estúpida —le respondió Bob Kennedy—. *Oiga, gobernador, deje ya la actitud que ha asumido. Esta tarde el presidente va a decir un discurso por televisión y está dispuesto a analizar este asunto con todo detalle, incluyendo cómo se desdijo usted ayer de una propuesta que había formulado por propia iniciativa.*

Este argumento fue decisivo para Ross Barnett, al parecer se había dado en el blanco de su vulnerabilidad.

— Veamos otra posibilidad —dijo—: *puedo hacer llevar a Meredith a la universidad, bajo protección, mientras la policía del Estado custodia todos los accesos... él se matriculará, tal como ustedes se han empeñado. Evitaré el escándalo; diré que he decidido doblegarme ante una fuerza superior... y haré un llamamiento para que la lucha continúe, pero limitada a los tribunales.*

Aquella fue una salida medianamente honrosa para todos, pero el gobernador no pudo evitar los desórdenes públicos, en los que murieron dos personas.

Aquel dramático incidente probaba que la cuestión racial no era, como había pensado Kennedy, un anacronismo sentimental, o un prejuicio esclerotizado; era algo vivo y extremadamente delicado. Por lo que, después de la batalla en el caso Meredith, la administración Kennedy se manejó con mucha prudencia en el asunto de la integración racial. Los líderes negros, que se habían entusiasmado con la actitud del presidente, pronto se dieron cuenta de que la lucha por los derechos civiles seguiría siendo un proceso a largo plazo y que el volcán seguiría en erupción.

En abril de 1963, en la ciudad de Birmingham, una de las manifestaciones pacíficas de Martin Luther King, fue disuelta por un comisario local llamado Eugene "Bull" Connor, mediante el drástico sistema de lanzar a sus perros contra los manifestantes negros; pero una vez más, el uso de la violencia sería contraproducente a la corriente de intolerancia y represión. La fotografía de una pobre mujer negra, indefensa, atacada por uno de los terribles perros de Connor fue publicada por la prensa de todo el mundo y logró más en favor de los derechos civiles que mil discursos repletos de argumentos jurídicos. Era evidentemente intolerable que en un país que se decía civilizado ocurrieran aquellas cosas.

Hubieron también enfrentamientos en la universidad de Alabama, incitados por otro gobernador intolerante y belicoso: George Wallace. Por todos lados se encendían focos de violencia.

En uno de sus discursos de esos tiempos, Kennedy expresó:

–Hemos dicho al mundo, y también a nosotros mismos, que este es un país libre... ¿Queríamos decir entonces que este es un país libre para todos, excepto para los negros?... ¿que no tenemos clases sociales, ni "ghettos", ni raza superior, excepto en lo que se refiere a los negros?

Esta es una cuestión de moral tan antigua como las Sagradas Escrituras, y es tan clara como la Constitución norteamericana. Ha llegado el momento en que esta nación cumpla su promesa. Los fuegos de la frustración y de la discordia están ardiendo en todas las ciudades donde no se aplican los preceptos legales. La crisis moral no puede ser solucionada con medidas simbólicas, ni abandonada a las manifestaciones callejeras. Se aproxima un gran cambio y nuestra obligación es procurar que sea pacífico y redunde en beneficio de todos.

En junio de 1963, el presidente presentó al Congreso una iniciativa de ley de derechos civiles, que derogaba y ampliaba la anterior. Martin Luther King, y los demás líderes negros, muy activos durante aquellos tiempos, propusieron una gran manifestación pacífica con objeto de apoyar el proyecto de ley con toda celeridad; pero los propios Kennedy desaconsejaron la rápida aprobación, pues esa sería una decisión que podría verse como debilidad frente a la presión social y no como un proceso de auténtica discusión política. Ante esta situación, los líderes negros organizaron una "marcha sobre Washington", también pacífica.

El 28 de agosto de 1963 fue un día memorable para la población de color. Más de un cuarto de millón de personas integraron la marcha. Entonces Martin Luther King dirigió la palabra a la inmensa muchedumbre:

–*Aunque aún tenemos que enfrentarnos con muchas dificultades, yo todavía sueño... sueño que en las colinas rojas de Georgia los hijos de los esclavos se sentarán a la mesa de la fraternidad con los hijos de sus antiguos amos... sueño que incluso el estado de Mississippi, que hierve en el fuego de la injusticia, llegará a ser un oasis de libertad... sueño que los valles serán levantados y las cumbres rebajadas, lo áspero se suavizará y lo torcido se enderezará... y aparecerá la gloria del Señor y todos los hijos de la carne la contemplarán juntos.*

Aquella noche, John Kennedy dijo a los organizadores de la marcha: *Esta nación puede sentirse orgullosa.*

Pronto ese orgullo se convertiría en vergüenza, ante el artero asesinato de Martin Luther King.

La guerra fría se calienta

Si alguna pequeña esperanza había quedado al mundo tras la conferencia de Viena, respecto de la no proliferación de armas nucleares, pronto se desvanecería, pues tanto los soviéticos como los norteamericanos siguieron con sus proyectos nucleares y en las condiciones de la guerra fría, aquella mortal competencia parecía no tener solución.

A la vez que buscaba acercamientos diplomáticos con los soviéticos, Kennedy alentaba el desarrollo de las pruebas nucleares, y Kruschev hacía lo mismo. Ante el pleno de la Asamblea de las Naciones Unidas, Kennedy pronunció un discurso señalando la tremenda responsabilidad histórica de aquella coyuntura:

– Quienes hoy nos encontramos en esta sala seremos recordados como integrantes de la generación que convirtió al planeta en una llameante pila funeraria, o bien en la generación que cumplió su voto de salvar de los azotes de la guerra a los que seguirán. A nosotros nos incumbe la decisión. Nunca han tenido las naciones del mundo tanto que perder o tanto que ganar. Juntos salvaremos a nuestro planeta o juntos pereceremos en sus llamas. Podemos salvarlo, y debemos hacerlo, y en tal caso ganaremos la gratitud eterna de la humanidad, y en cuanto pacificadores, la bendición de Dios.

La asamblea general había solicitado de la Unión Soviética que se abstuviese de hacer estallar un arma nueva, que era nada menos que una bomba de cincuenta megatones, pero aquella gestión no dio resultado, el 30 de octubre estallaba el monstruoso artefacto. A pesar de la condena mundial, Kruschev se permitió bromear públicamente:

– En vez de cincuenta megatones, la bomba ha resultado ser de uno más, pero hemos decidido no castigar a nuestros científicos por ese error.

La carrera armamentista fue el tema-pesadilla durante todo el mandato de Kennedy, quien no renunciaba a la posibilidad de un entendimiento con la URSS, convencido de que sería el único medio de detener la fatídica escalada. Aunque invariablemente impulsó la carrera de armas nucleares, estuvo siempre alerta a los menores signos de distensión, para utilizar con eficacia la vía diplomática. Por su parte, Kruschev se encontraba en la misma disposición, consciente de que el tipo de armamento que se estaba desarrollando excedía con mucho las perspectivas de la guerra convencional y ponía en peligro al mundo entero, por lo que no dejaba de dar pruebas de una voluntad negociadora.

La administración norteamericana respondió positivamente a esas iniciativas y fue llamado para dirigir las negociaciones un hombre experimentado y buen conocedor de la URSS, Averell Harriman. Kennedy apoyó su trabajo con una serie de discursos de índole pacifista, y lo mismo hizo Kruschev.

El resultado de aquellas negociaciones fue la firma de un tratado de prohibición de pruebas nucleares, que fue firmado prácticamente por todos los países del mundo, la gran mayoría de ellos muy lejos de tener las posibilidades de desarrollar una tecnología nuclear; pero China sí tenía esas posibilidades, y se negó a firmar dicho protocolo, y lo mismo hizo Francia, que, bajo el gobierno en extremo nacionalista de Charles de Gaulle proclamaba con ello su voluntad de autonomía y su decisión de sacudirse definitivamente la tutela de los Estados Unidos.

El tratado era un paso hacia adelante, pero un paso tímido e inseguro. Aquellas disidencias particulares mantenían el riesgo vigente y nada se podía hacer para evitarlo.

Por otra parte, nadie otorgaba credibilidad a las firmas de los dirigentes soviético y norteamericano. Kennedy sabía que la amenaza nuclear estaba lejos de haberse conjurado y pronto se presentaría un caso de extremo peligro.

La crisis de los misiles

Después de la fallida invasión, Cuba había adquirido una gran importancia para el balance de la guerra fría. Fidel Castro seguía empleando su oratoria en fustigar al poderoso vecino; pero aquello no era solamente palabrería, pues la isla se había convertido prácticamente en un amparo de la Unión Soviética.

Poco antes de que Raúl Castro, hermano de Fidel y ministro de las fuerzas armadas, viajara a Moscú el 2 de julio de 1962, se hizo firme el convenio ruso-cubano de establecer en la isla bases de proyectiles nucleares. Dada la situación geográfica cubana, aquellas bases no podían tener más que un objetivo: el alcance a corta distancia del territorio de los Estados Unidos. Por este motivo, la situación era extremadamente grave para el gobierno americano. Kennedy quería estar seguro de la peligrosidad del asunto y ordenó una serie de vuelos de reconocimiento sobre la isla, lo que fue aportando pruebas fotográficas de las que se deducía que se habían instalado una serie de rampas de lanzamiento orientadas hacia los Estados Unidos y en cada una de ellas había un misil, presumiblemente provisto de una cabeza nuclear cuya potencia podía ser por lo menos treinta veces superior a la bomba de Hiroshima.

Aquella era precisamente la situación que se había querido evitar; pero ya dada, no quedaba más que actuar. Durante una semana, John Kennedy conferenció de manera casi ininterrumpida con sus asesores; es posible que en esa semana lo que se estaba ventilando era la supervivencia de la humanidad, lo que no sólo dependía de las actitudes del gobierno de Kennedy, sino también de la sensatez de los soviéticos.

En esa ocasión, el presidente se vio presionado por todos lados, pero se mantenía el ritmo normal de trabajo en la Casa Blanca, para no causar alarma al exterior, pues la noticia se manejaba ya en la prensa de todo el mundo.

Los primeros contactos diplomáticos se dieron entre Kennedy y el ministro soviético Andrei Gromyko, quien le aseguró que la ayuda militar a Cuba sólo tenía fines defensivos, en virtud del acuerdo firmado con La Habana, del que habían sido informados los norteamericanos. Asimismo, aseguró que en la isla no se habían instalado misiles nucleares, por lo que la discusión en ese sentido era totalmente improcedente.

Ante esta rotunda negativa de los soviéticos, los consejeros de Kennedy entraron en una mayor confusión y las opiniones se dividieron. Finalmente no quedaron sino dos alternativas: la continuación de las negociaciones diplomáticas o el bloqueo naval, lo que equivalía a poner a Cuba en "estado de sitio", lo que podría tomarse como un virtual estado de guerra, no solamente con Cuba, sino con la misma Unión Soviética. Cuando ya no hubo más remedio que tomar una decisión, se tuvieron que someter dichas alternativas a votación, el resultado fue de once votos favorables al bloqueo a Cuba y seis en contra; aunque, dada la gravedad del asunto, el presidente pidió a los asistentes que firmaran aquella decisión como tomada por unanimidad, pues no era caballeroso el colocarse a cubierto en una situación de esta trascendencia. Seguidamente, hizo preparar a Sorensen un discurso en el que debía dar cuenta al país de las medidas que se adoptaban: en lugar del término "bloqueo", se prefirió usar el de "cuarentena", que en inglés resultaba eufemísticamente más suave. Sin embargo, su discurso en la televisión fue sumamente agresivo en contra de los soviéticos, calificando sus acciones de "engaños deliberados" y subrayando que los Estados Unidos se veían obligados a tomar estas medidas "iniciales", lo que daba una seña inequívoca de su decisión de llegar hasta los extremos que fuesen necesarios.

– *Conciudadanos* —finalizó diciendo el presidente—, *no dude nadie de que ésta es una actitud difícil y peligrosa. No es posible predecir qué rumbo tomará ni qué pérdidas puede costar. Pero el mayor de los peligros consistiría en no hacer nada. Nuestro objetivo no es el triunfo del poder, sino la reivindicación de un derecho. No es la paz a expensas de la libertad, sino la paz y la libertad al mismo tiempo en este hemisferio, y queremos suponer que también en el resto del mundo. Con la ayuda de Dios, conseguiremos nuestro objetivo.*

La suerte estaba echada. A partir de ese momento el curso de los acontecimientos dependía del talante con que los dirigentes del Kremlin acogiesen la actitud americana.

Todas las miradas estaban puestas en el Kremlin. Particularmente los asesores del presidente Kennedy procuraban desentrañar los menores signos, para prever lo que pudiera suceder en el futuro inmediato. Las horas se volvían angustiosas y no había respuesta soviética. Averel Harriman se atrevió a pronosticar que Kruschev se mostraría flexible.

Los hechos confirmaron aquella impresión: la mitad de la flota que navegaba con rumbo a Cuba recibió órdenes de virar en redondo y emprender el retorno a sus bases, lo que dio literalmente a todo el mundo un suspiro de alivio; pero aquello no bastaba, los demás buques parecían aguardar otras órdenes, y de entre ellos un buque cisterna penetró en la zona bloqueada. Kennedy tuvo que serenar a los militares que pretendían hundirlo.

Mientras tanto, hubo ciertos movimientos diplomáticos; la URSS parecía buscar una salida airosa de aquel atolladero. Por último, se recibió una carta que el primer ministro soviético dirigía al presidente de los Estados Unidos, en la que en términos llanos y, al parecer, sinceros, se proponía un arreglo bastante sensato: La Unión Soviética dejaría de considerar necesaria su presencia en la isla de Cuba si los Estados Unidos le daban seguridades de no invadirla ni permitir que otros lo hicieran, además de retirar su flota del bloqueo.

Aquella era una buena base para negociar. Pero la buena impresión duró muy poco, con un intervalo de unas cuantas horas se recibió otra carta del primer ministro Kruschev, y ésta parecía haber sido escrita por un hombre distinto del de la primera; era fría y cortante y no abría perspectivas esperanzadoras: proponía canjear las bases soviéticas en Cuba por las norteamericanas en Turquía, lo cual se debía suponer inaceptable. Así fue: el gobierno de los Estados Unidos de inmediato señaló que no se avenía a semejante componenda; y para colmo, casi al mismo tiempo, un avión norteamericano fue derribado sobre Cuba.

De esta manera, el asunto se escapaba de la órbita de la negociación, para recaer en el de las armas. Los militares estaban muy satisfechos y redoblaron sus presiones sobre Kennedy; para ellos no tenía sentido esperar más; el bloqueo, que no era más que una medida cautelosa, no había producido los efectos disuasorios que se pretendían, por lo que era necesario responder en un lenguaje bélico. Pero Kennedy y su equipo estaban conscientes de lo que podría significar una escalada de violencia, lo que difícilmente podría manejarse en términos convencionales. Se analizaban todas las hipótesis posibles, pero no eran más que eso: hipótesis, por lo que hubiera sido insensato basar sobre ellas cualquier acción. Sobre semejante incertidumbre se fundamentaba la posición del presidente, que procuraba ganar tiempo y proceder con cautela; pero también comprendía que no le sería posible contener por mucho tiempo el ímpetu de los militares, además de que él mismo había dicho delante del mundo entero que lo único que no se podía hacer era no hacer nada.

En medio de ese desconcierto, Robert Kennedy tuvo una idea brillante:

—¿Por qué no hacemos una cosa? Prescindamos de la segunda carta de Kruschev y actuemos basándonos solamente en la primera, como si no hubiera más que ésta.

Cuando examinaron lo que, en principio, había parecido una simple humorada, el equipo de los asesores presidenciales cayó en la cuenta de que había mucha sensatez subyacente. La experiencia de todos ellos les recordaba que, efectivamente, a nivel de las grandes decisiones estatales suelen producirse irregularidades increíbles debidas a presiones imprevistas o fallos burocráticos; era perfectamente posible que se hubiera invertido el orden cronológico de las dos cartas. Cada vez más seducidos por aquella nueva perspectiva, se dedicaron a desarrollarla; acaso la segunda carta recibida fuera la primera escrita, fruto de una consideración personal de Kruschev de la crisis cubana; pero mientras la primera, obra de su estado mayor, pudo haber seguido todo el largo trámite establecido, hasta llegar al conocimiento del presidente de los Estados Unidos, la segunda, expedida por la vía directa debido a la urgencia con la que Kruschev consideraba el caso, se había adelantado a la otra. En este supuesto, de acuerdo con lo que sugería Bob Kennedy, efectivamente la carta definitiva, la que debía sustentar la decisión norteamericana, era la primera recibida, segunda en expedirse; y había que dar por no recibida la otra.

Así se hizo. John Kennedy respondió con una nueva carta, en términos amigables; si la hipótesis era cierta, se obtendrían resultados favorables; pero si era equivocada, se perdería una jugada y mucho tiempo; pero Robert argumentaba que aquel tiempo perdido no sería demasiado, y en el peor de los casos, si los rusos querían la guerra no tardarían en dar unas pruebas inequívocas de ello. De cualquier manera, el presidente estaría dispuesto a dar órdenes de ataque ante el primer signo agresivo desde Cuba.

Por fin, el domingo 28 de octubre, a primera hora de la mañana, se recibió respuesta de Kruschev. Aquella era una respuesta directa, no había duda, el dirigente soviético continuaba en el estilo y en el tono de la carta conciliadora, lo que hacía suponer que la primera de las cartas recibidas, y esta última, reflejaban el pensamiento del primer ministro, por lo que la hipótesis quedaba confirmada y se podía lograr un acuerdo, sobre la base de lo propuesto por Kruschev: interrumpir los trabajos en las bases cubanas y reintegrar a territorio soviético las armas "que ustedes llaman ofensivas", sugiriendo que el tema fuese llevado a la ONU y exigiendo que los Estados Unidos suspendieran sus vuelos de reconocimiento sobre Cuba.

La crisis había sido conjurada.

Aquello fue un éxito atribuible a John Kennedy, a su hermano Robert e indudablemente también a Nikita Kruschev. El desastre hubiera sido inimaginable si el asunto hubiera rebasado el ámbito político y se hubiera dejado al arbitrio de los militares de uno y otro lado.

El Muro de Berlín

El estilo de gobierno de Kennedy no aceptaba el simplismo, por lo que desde un principio había rechazado el anticomunismo a ultranza de las administraciones anteriores. Él reconocía que en los países de la órbita soviética existían otras motivaciones para la vida, diferentes de las que se tenían en el mundo capitalista. Alguna vez expresó su admiración por la capacidad que tenía el marxismo-leninismo para dar coherencia a las actitudes de las personas en un todo social y reconocía que en su país tal cosa estaba lejos de lograrse; y también había dicho que tenía que aprender de los comunistas.

Con esta flexibilidad había impostado sus relaciones respecto de Kruschev. Pero la propia experiencia de estas demostraba que, al lado de cierta comprensión y unas buenas maneras era preciso de vez en cuando mostrar la fuerza.

Cuando, durante el verano de 1962, el presidente Kennedy recorrió Europa, en una especie de viaje de "relaciones públicas", su visita a Berlín revistió agudos matices.

El viaje fue un gran éxito de multitudes, Kennedy fue recibido con simpatía casi en todas partes, y se le mencionaba como un gran líder de Occidente; pero el clima de acogida en Berlín superó todas las expectativas. El hecho de que el presidente de los Estados Unidos hubiese incorporado a su itinerario a la conflictiva ciudad era una toma de partido inequívoca. Así lo entendieron los berlineses, pues la prosperidad de ellos dependía exclusivamente de la energía que para mantener el "status" de la parte occidental de la ciudad usasen los aliados, y particularmente los Estados Unidos. En este sentido, Kennedy era un personaje importante para ellos. Él respondió a la aclamación popular visitando el famoso muro que dividía a la ciudad y refiriéndose a él en uno de los discursos más emotivos que pronunció en su carrera:

– *Hay muchas personas en el mundo* —dijo— *que en realidad no comprenden, o dicen no comprender, cuál es la gran diferencia entre el mundo libre y el mundo comunista... ¡Pues que vengan a Berlín! Hay quienes dicen que el comunismo es el camino del futuro. Pues ¡que vengan a Berlín! Y hay quienes, en Europa y en todas partes, dicen que podemos colaborar con los comunistas, pues ¡que vengan a Berlín! Incluso hay quienes afirman que, aun siendo cierto que el comunismo sea un sistema perverso, lo cierto es que permite progresos económicos... ¡pues que vengan a Berlín!*

El público aplaudía aquellas frases, pero cuando dijo aquello de *¡Ich bin ein berliner!* la ovación fue interminable. Aquel discurso fue tan contundente como el famoso muro, que era infame por cualquier lado que se le viera, por esa razón este discurso tuvo la brillantez y la emotividad de un realismo incuestionable.

El príncipe menesteroso

En la mente popular, la imagen de John F. Kennedy es la de un príncipe poderoso y autosuficiente, pero él era en realidad un príncipe menesteroso, pues necesitaba de los demás, y los necesitaba mucho; él "había menester" de tres cosas que empiezan con "o": *ortopedia,* por lo que necesitaba a los médicos; *obsequiosidad,* que requería de sus amigos hombres; y *orgasmo,* que sólo podían darle las mujeres.

La terapia ortopédica fue una constante en la vida de Jack Kennedy, y era necesaria por el dolor que sufría desde siempre, pues tenía una malformación congénita en la espalda. Las historias que corren acerca de algún accidente de futbol o una herida de guerra son ficciones inventadas por la familia para soslayar la debilidad de Jack, o por sus publicistas políticos, para darle el carisma de héroe. La verdad es que la deformación en su columna vertebral era un serio problema, pues restringía mucho sus actividades y le causaba dolores que duraban semanas. Esto se podía manejar con descanso, baños calientes y aditamentos ortopédicos, pero no tenía propiamente una cura, aunque se le practicaron varias intervenciones quirúrgicas.

Lo que hemos definido como "obsequiosidad" es el constante reclamo de lealtad, sumisión y halago que Jack proyectaba en su relación con otros hombres; Jewel Reed, quien estuvo relacionado con la familia Kennedy mucho tiempo, observa que él no estaba rodeado de pares, sino de socios intelectuales, bufones, familiares y toda clase de personas que buscaban quedar bien con él; pero no tenía amigos de verdad.

Los asesores y colaboradores cercanos de Kennedy vivían el terror ante la posibilidad de ser borrados de su mente por el simple hecho de ya no ser simpáticos para él. Ben Bradlee decía: *Nuestra principal tarea era hacerlo reír o motivar su interés por medio de chismes o comentarios agudos, porque si nosotros resultábamos aburridos más de cinco minutos, él se paraba y se iba.*

De los hombres, Jack necesitaba el chiste, el comentario, la diversión constante; de las mujeres lo único que necesitaba era el orgasmo. Aparentemente podía tener todas las mujeres que quisiera; no valdría la pena documentar aquí sus múltiples amantes, puesto que se trata de datos muy difundidos.

De acuerdo con estas fuentes, Jack Kennedy tenía encuentros sexuales con verdaderas bellezas, como Inga Arvad, estrellas del *strip tease* como "Tempest Storm" y "Blaze Starr"; prostitutas de alto nivel, como Suzy Chang, Maria Novotny y otras muchas; amigas como Joan Lundberg y Pamela Turner; empleadas de la Casa Blanca, como Priscila Weir y Jill Cowen; damas de sociedad como Florence Pichett Smith, Judith Campbell Exner y Mary Pichot Meyer; actrices como Genne Tienney, Jayne Mansfield, Angie Dickingson, Marilyn Monroe... así como azafatas de líneas aéreas, colaboradoras de campaña, secretarias, asesoras y mujeres "de una sola vez", provistas por miembros de su equipo y amigos. Esta gran cantidad de relaciones era el efecto del consejo del padre: "Hay que hacer el amor con la mayor frecuencia posible."

Creo que sería perfectamente válido el decir que Jack Kennedy fue el presidente más promiscuo que ha existido en la historia de los Estados Unidos, tal como si su propuesta política de "empleo total", fuese interpretada por él en términos sexuales. Tratándose de amantes, Jack era muy democrático, no había discriminación respecto de la edad, rango social, ocupación o religión; tenía muy "buen ojo" para la belleza, pero aun en ese aspecto no era demasiado exigente. De acuerdo al reporte de uno de los agentes del servicio secreto, su equipo estaba molesto por la conducta del presidente, aunque no por sensibilidad moral , sino estética, pues ellos se sentían lastimados por el hecho de que su presidente aceptara "cualquier cosa". Se dio el caso de que un prominente demócrata de California traía en su comitiva a una muchacha de piel bronceada que también era agente, llamada Paolella. Desde luego, Jack tuvo que ver con ella; pero los compañeros se indignaron, y no porque se tratara de un miembro del personal de seguridad, sino por el mal gusto del presidente.

Por lo menos dos de sus menesteres influyeron en su muerte: unas semanas antes del aciago viaje a Dallas, Kennedy sufrió una fuerte torcedura durante una de sus sesiones de nado nocturno con una compañera sexual, la última semana de septiembre de 1963. Aquello requería una prótesis adicional que le causaba una especial rigidez, de manera que el atentado de Lee Harvey Oswald pudiera no haber sido fatal si el presidente hubiera tenido una mayor movilidad; pero el blanco estaba quieto y erecto, así que la segunda bala dio un milímetro más cerca de la muerte.

Un final sorpresivo

El avión presidencial estaba siendo objeto de las últimas revisiones. Los miembros de la comitiva, por su parte, se disponían a acompañar, una vez más, a su jefe, que probablemente aprovecharía el viaje para dar órdenes y ponerse al día sobre una serie de cuestiones. El avión presidencial era una "pequeña Casa Blanca", desde donde se podía controlar todo el país mediante unos sofisticados sistemas de comunicación. Por eso, el presidente de los Estados Unidos no dejaba de estar ni un solo instante en condiciones de adoptar las decisiones más trascendentales ni de comunicarlas inmediatamente a quien correspondiese. Uno de los miembros infaltables de su acompañamiento era un tal Ira D. Gearhart, a quien todo el mundo conocía como "el hombre del maletín". Su misión era, en apariencia, extremadamente simple y tediosa: debía estar siempre con su maletín al alcance del señor presidente; pero en caso de una emergencia, Gaerhart sería decisivo, porque era el portador de las claves mediante las que el presidente de los Estados Unidos podía desencadenar una respuesta nuclear ante una eventual agresión; asimismo llevaba los números secretos para ponerse en comunicación con el premier británico, el presidente de la república francesa, con otros líderes del mundo, con el Pentágono o la CIA.

Ya listo Gearhart y toda la comitiva, llegó el presidente y la primera dama, y el avión partió hacia su destino: Dallas, Texas.

El avión presidencial tomó tierra en el aeropuerto de Dallas a las once treinta y ocho minutos del día 22 de noviembre. Desde las ventanillas, el cuadro que se divisaba no era diferente del usual: el grupo de las autoridades destacado para recibir al presidente y una cantidad de gente que agitaba banderitas, algunos de ellos verdaderos espontáneos. En el caso del recibimiento en Dallas, probablemente el número de espontáneos era incluso menor, pues la ciudad se caracterizaba por un marcado conservadurismo y una abierta hostilidad hacia la política abierta al cambio y la tolerancia que marcaba Kennedy, por lo que este viaje tenía la finalidad de ganarse los ánimos de las regiones sureñas, precisamente en la tierra del vicepresidente, Lyndon Johnson.

Al bajar del avión, la comitiva pudo advertir que detrás de los entusiastas agitadores de banderitas, había un nutrido grupo de manifestantes que sí, se encontraban ahí para dar un recibimiento al presidente, pero totalmente contrario y hostil; en algunas de las pancartas que enarbolaban se leía: *Yanqui, lárgate y lleva contigo a tu gente... El presidente es un traidor... Ayuden a Kennedy y acabarán con la democracia... Señor presidente, por sus tendencias socialistas y por haberse rendido al comunismo, se ha hecho merecedor de mi desprecio.*

Ya se contaba con esa clase de expresiones en Dallas, pero es probable que la virulencia de aquellas pancartas superase lo previsto. Por su parte, el gobernador Connaly, muy seguro por hallarse en su feudo, se permitió romper el protocolo, dirigiéndose al comité de recepción antes que al propio presidente; aquello era una falta de seriedad, pero se debía respetar que en su Estado el gobernador era la máxima autoridad. Kennedy saludaba a todo el mundo con su característica sonrisa, y Lyndon Johnson, junto con su esposa, saludaron amablemente a la pareja presidencial. En aquella agotadora jornada del viaje por el estado de Texas era la cuarta vez que lo hacían en ese día, y según el programa tendrían que hacerlo dos veces más. Visto desde dentro, todo aquello resultaba demasiado teatral, pero se trataba de un tributo ofrecido al público local, cada ciudad visitada debía sentirse la única, de manera que se seguía todo el protocolo de cortesías, como si fuera la única vez.

Los miembros del séquito comenzaron a sentirse intranquilos, pues percibían una atmósfera enrarecida, como si los aplausos y los gritos resonaran en un espacio desierto. Pero Kennedy actuaba con su soltura de siempre, haciendo caso omiso de los gritos de hostilidad y comportándose como si se encontrara entre amigos. Se acercó a una anciana de ochenta y cinco años, que había sido conducida hasta él en su silla de ruedas, a la que dio la mano y le dijo algunas palabras amables. Repetidas veces tendió la mano al gentío de las banderitas, separándose de la comitiva. Los miembros de la escolta de seguridad estaban nerviosos de esos movimientos del presidente y presionaron para que se acelerara el cumplimiento del programa; el trayecto estaba programado en automóvil abierto y a marcha lenta a través de las principales avenidas de la capital, de manera que toda la población pudiera ver bien a los ilustres visitantes. Tenía que ser así; pero también estaban los optimistas de la comitiva, como Dave Powers; cuando el presidente ocupó su sitio en el automóvil, exclamó, mirando hacia los manifestantes:

– A la hora de comer habremos conquistado a toda esa gente.

Y seguidamente le dio un consejo a Jackie:

– Procure mirar siempre hacia la izquierda y no hacia el lado del presidente, porque si los dos miran a un mismo votante se pierde la eficacia.

Finalmente se puso en marcha la comitiva. Al volante iba el chofer-agente Bill Greer, y a su lado el agente Kellerman; detrás, en los asientos plegables, el gobernador Connaly y a su izquierda su esposa Nellie; por último, en el asiento posterior, John Kennedy y Jaqueline, separados en el asiento por el ramo de rosas que ella había recibido al descender del avión, como era también norma de todas las recepciones. Daban escolta al automóvil presidencial dos motoristas de cada lado. Frente al automóvil presidencial iban otros dos ocupados por policías, un tercero, conducido por Curry, el jefe de la policía local y tres motoristas. Lo seguían en el desfile otro coche de escolta, con los agentes responsables de la seguridad del presidente, que escrutaban en todas direcciones, y detrás de ellos el coche del vicepresidente Johnson, a quien acompañaba el senador Yarborough, después otro coche de escolta y finalmente el coche de la prensa.

Durante el primer tramo del recorrido, tras la salida del aeropuerto, la concurrencia a ambos lados de la carretera era escasa, aunque superior a la que el propio Connally había esperado. Hacía mucho calor y el sol era cegador, por eso Jaqueline se puso gafas de sol, pero su esposo le pidió que se las quitara, pues eso daba mala impresión a la gente.

Dos veces el presidente hizo que se detuviera la caravana, una para responder a la petición de un grupo de niños que había escrito en una pancarta que querían saludar personalmente al presidente, y la segunda fue para saludar a un grupo de monjas entusiastas.

A medida que la caravana avanzaba aumentaba la cantidad de gente de uno y otro lado. Se aproximaban a la ciudad y aparecía cada vez mayor cantidad de gente, que ya no se limitaba a mirar, sino que algunos aplaudían, aunque la tónica general de los asistentes seguía siendo la indiferencia.

Los agentes de la escolta multiplicaron su atención al entrar en el casco de la ciudad. A veces se encaramaban en el estribo del coche presidencial. Aquella precaución sólo era útil en caso de un ataque directo, de alguien que saliera sorpresivamente de las filas de los espectadores, pero lo que más les preocupaba eran las ventanas de los altos edificios, que en su mayoría aparecían atiborradas de gente, lo que ellos más temían era que alguien arrojara algún objeto, dado el clima de hostilidad hacia el presidente.

Durante el trayecto crecía el fervor de los entusiastas, por lo que la esposa del gobernador dijo a Kennedy:

– No puede decirse que Dallas no lo quiera, señor presidente.

– No, desde luego, respondió Kennedy cortésmente.

Pero los guardias seguían midiendo angustiosamente el tiempo que aún debía durar el desfile, hasta llegar a salvo a su destino, el Trade Mart, para lo cual faltaban aproximadamente cinco minutos. De hecho, fueron los cinco minutos más cargados de historia en los Estados Unidos.

En lo alto de un edificio que servía como depósito de libros, asomado a una ventana, había sido visto desde la calle un hombre armado, aparentemente provisto con un fusil de gran calibre provisto de un visor telescópico. El ciudadano que lo descubrió podría haber dado parte a la policía, pero más tarde declaró que había creído que el hombre pertenecía a los servicios de seguridad y estaba apostado precisamente como parte del programa de vigilancia de las autoridades.

John Kennedy continuaba saludando efusivamente a la multitud, debieron haber sonado dos disparos, pero aparentemente nadie los escuchó, y durante unos segundos nadie se percató de lo que había ocurrido, hasta que John Kennedy se echó una mano al cuello y se balanceó hacia adelante, luego inició un movimiento como si quisiera alisarse el cabello, pero no pudo finalizarlo, porque se desplomó. Jackie se inclinó sobre él y recibió en su regazo la cabeza sangrante de su marido.

El gobernador Connaly también estaba herido. Hubo una desbandada entre el público. Los coches que seguían a la escolta no podían percatarse de lo que sucedía en medio del caos. Comenzaron a escucharse gritos:

– ¡Han disparado sobre el presidente!

El chofer Greer tuvo unos instantes de titubeo, pero inmediatamente que se recuperó de la sorpresa apretó el acelerador y el automóvil presidencial, rompiendo la comitiva, se alejó a toda velocidad. Ante todo era preciso alejarse de aquel lugar, pues nadie podría saber si el tirador era solo uno, o podía ser una emboscada compuesta por varias personas.

Eran las trece horas con treinta minutos.

Jackie seguía sosteniendo la cabeza de su marido y el viento le azotaba el rostro, a causa de la velocidad del automóvil. A derecha e izquierda sonaban varias sirenas de las patrullas que se habían adherido a la huída, para proteger y abrir paso al coche presidencial que marchaba directo al hospital más cercano. A donde llegaron en un tiempo corto y los heridos fueron internados en urgencias con toda celeridad.

En aquellos momentos, nadie sabía sobre el cómo y el por qué del atentado. Los colaboradores más cercanos temían que se tratase de una conjura política en gran escala, y quienes conservaban mayor lucidez tomaban precauciones, para evitar otros imprevistos. El séquito de Johnson había decidido llevarlo a un lugar seguro, dentro del propio hospital, pero en general la confusión se había generalizado y la falta de información hacía circular las versiones más disparatadas.

Pero así como la información de fuera a dentro fallaba estrepitosamente, la información de dentro hacia fuera resultó muy eficaz, a causa de la pronta intervención de los periodistas que de inmediato se pusieron a transmitir literalmente hacia todo el mundo. El primer boletín que daba cuenta de que el presidente había sufrido un atentado estaba en el teletipo de la agencia UPI cuatro minutos después de los disparos y dos minutos antes de que el automóvil presidencial llegase al hospital; esto significa que mucha gente en otros lugares, incluso fuera de los Estados Unidos, se enteraron del atentado incluso antes que mucho miembros de la propia comitiva, quienes de pronto se vieron arrastrados en una carrera vertiginosa sin saber por qué.

La conmoción del país fue indescriptible y lo mantuvo en vilo durante el lapso en que aquella primera noticia se fue primero confirmando y después configurando.

A las dos treinta y dos minutos se puso en circulación una noticia oficiosa de la muerte del presidente, tomada de labios de un sacerdote que había acudido al hospital. Esta revelación no hizo sino confirmar los temores experimentados por muchos. La incertidumbre sobre una conjura continuó atenazando a la opinión pública durante varias horas, hasta que al no producirse nuevos hechos pudo irse descartando. Lyndon B. Johnson fue sacado discretamente del hospital y conducido al avión presidencial en medio de las mayores precauciones, y ahí prestó juramento como nuevo presidente de los Estados Unidos, cuando también el cuerpo de John Kennedy había sido trasladado y estaban a punto de despegar con rumbo a Washington.

Entre tanto, el hombre del rifle, Lee Harvey Oswald, al parecer el autor de los disparos contra Kennedy, había dado muerte a las dos quince a un policía llamado Tippit, y era detenido, tras una corta resistencia, a las dos con cincuenta. Las líneas generales de lo sucedido comenzaban a perfilarse, aunque a bordo del avión presidencial faltase la pers-

Lee Harvey Oswald, presunto asesino de J.F.K.

pectiva y el sosiego para apreciarlo así. Durante varias horas, aunque en términos jurídicos, los Estados Unidos tenían nuevo presidente, la situación permaneció tan confusa y agitada como en los primeros momentos. Lyndon Johnson no había conseguido recuperar su aplomo habitual, por lo que vacilaba sobre lo que correspondía hacer. Por otra parte, el equipo de Kennedy no acertaba a hacerse cargo de la situación y apoyar al nuevo presidente, manteniéndolo de hecho marginado. Sería preciso más tiempo para que todos se fueran situando en las nuevas circunstancias y aceptar lo sucedido: John Kennedy había muerto y la vida del país debía continuar.

Último adiós a John F. Kennedy.

TÍTULOS DE ESTA COLECCIÓN

Abraham Lincoln
Adolfo Hitler
Alejandro Graham Bell
Alejandro Magno
Beethoven
Benito Mussolini
Buda
Carlota
César Borgia
Charles Chaplin
Cleopatra
Conde Cagliostro
Confucio
Cristóbal Colón
Dante Alighieri
Diana de Gales
Ernest Hemingway
Ernesto Che Guevara
Federico Nietzsche
Franz Kafka
Gandhi
Harry Houdini
Hermann Hesse
Hernán Cortés
Jesús
John F. Kennedy
John Lennon
Joseph Fouché
Juan XXIII
Juana la Loca
Julio César
Karl Marx
Leonardo Da Vinci
Lucrecia Borgia
Mahoma
Marco Polo
María Antonieta
María Tudor
Marilyn Monroe
Marqués de Sade
Miguel Ángel
Mozart
Napoleón
Pitágoras
Rasputín
San Francisco de Asís
Sigmund Freud
Vincent Van Gogh
Vlad Tepes
William Shakespeare

Este libro se terminó de imprimir
en los talleres de:

Mujica Impresor S.A. de C.V.
Camelia No. 4, col. El Manto
Deleg. Iztapalapa 09830
México, D.F.